DER

# EINREDEBEGRIFF

## DES BÜRGERLICHEN GESETZBUCHS

IN SEINER PRAKTISCHEN BEDEUTUNG.

LEIPZIGER JURISTISCHE INAUGURALDISSERTATION

VON

DR. JUR. ERNST SUPPES.

LEIPZIG
VERLAG VON VEIT & COMP.
1902

Druck von Metzger & Wittig in Leipzig.

MEINEM VATER

Frühere Arbeiten über die „Einrede" beschäftigen sich hauptsächlich mit der Frage, ob dieses Rechtsgebilde überhaupt anzuerkennen, und soweit diese Frage bejaht wird, wie es zu konstruieren ist. Nachdem das Bürgerliche Gesetzbuch den Begriff aufgenommen hat, können u. E. diese Erörterungen zurücktreten. Die vorliegende Arbeit stellt sich vielmehr die Aufgabe, die Einrede, wie sie im Gesetz enthalten ist, auf ihre praktische Bedeutung hin zu untersuchen, und wenn die praktischen Wirkungen auch schließlich als nicht sehr erheblich erkannt werden, so dürfte doch die Untersuchung nicht ganz vergeblich gewesen sein.

# Inhalt

## § 1.

## Einleitung.

Das Bürgerliche Gesetzbuch gebraucht den Ausdruck „Einrede“ als terminus technicus, ohne jedoch eine Definition des damit verbundenen Begriffs zu geben. Bei dem sonst an Definitionen reichen Gesetz ist dies auffallend, um so auffallender, als die Terminologie des bisherigen Rechtes keinen einheitlichen Begriff „Einrede“ kennt.

In der Doktrin des gemeinen Rechtes und des Zivilprozesses unterscheidet man „Einrede im materiellen Sinne“, „Einrede im prozessualen Sinne“, „Prozeßeinrede“, „prozeßhindernde Einrede“, „Beweiseinrede“. Die letzteren drei Ausdrücke bezeichnen rein prozessuale Begriffe, an welche das BGB. keinesfalls anknüpft. Dagegen liegen die Begriffe „Einrede im materiellen Sinne“ und „Einrede im prozessualen Sinne“ beide auf dem Grenzgebiet zwischen Privatrecht und Prozeß, und es ist darum von vornherein wahrscheinlich, daß das BGB. einen von ihnen als „Einrede“ schlechthin reproduziert. Es wird von den Materialien[1] wiederholt ausgesprochen, daß das Gesetz die Einrede im materiellen Sinne aufgenommen habe, und die Motive zum ersten Entwurf[2] sind dabei der Meinung, die Einrede im materiellen Sinne sei „eine feste Kategorie, welche jeder Unklarheit vorbeugt“. Dieser Ausspruch ist bei den vielen Streitfragen, die sich im gemeinen Recht an die „Einrede“ und ihre historische Grundlage, die römische *exceptio*, knüpfen, zum mindesten als kühn zu bezeichnen, besonders wenn man bedenkt, daß nicht

[1] Metallographierte Protokolle der ersten Kommission S. 387 ff., 417; Motive Bd. I S. 341 f., 359 f.; metallographierte Protokolle der zweiten Kommission S. 463 ff.

[2] Bd. I S. 342.

unbedeutende Stimmen der römischen *exceptio* die Bedeutung fürs gemeine Recht absprechen oder die Existenzberechtigung der materiellen Einrede überhaupt leugnen.[3]

Als herrschende Meinung darf für das gemeine Recht wohl folgende bezeichnet werden: Die Einrede ist ein dem Anspruch gegenüberstehendes Recht, welches diesen an sich bestehen läßt, aber unwirksam macht, sofern der Anspruchsverpflichtete davon Gebrauch macht. Sie ist verzichtbar.

Grundverschieden davon ist die „Einrede im prozessualen Sinne". Diese ist jede Verteidigung des Beklagten, die nicht reine Leugnung des Klaggrundes ist. Der Begriff umfaßt also auch die materiellen Einreden, oder besser gesagt: auch die Geltendmachung einer materiellen Einrede erscheint im Prozeß als „prozessuale Einrede". Aber nicht nur materielle Einreden werden mit der prozessualen Einrede geltend gemacht. In den meisten Fällen werden vielmehr durch die prozessuale Einrede Tatsachen vorgebracht, welche — ihre Richtigkeit vorausgesetzt — das Bestehen des klägerischen Rechtes überhaupt ausschließen, nicht aber es „an sich" bestehen lassen und nur „unwirksam" machen. Der praktische Unterschied zeigt sich darin, dass prozessuale Einredetatsachen (mit Ausnahme eben der materiellen Einreden) auch dann vom Richter zu berücksichtigen sind, wenn der Kläger selbst sie behauptet, der Beklagte sie sich aber — z. B. im Versäumnisfall — gar nicht zu eigen macht. Ferner sind sie als Tatsachen nicht verzichtbar, wenn auch durch Verschweigen im Prozeß die Wirkung eines Verzichts im wesent-

[3] Albrecht, Die Exceptionen des gemeinen teutschen Civilprocesses, München 1835; Krüger, Zeitschrift für Rechtsgeschichte Bd. VII, S. 219; Eisele, Die materielle Grundlage der *exceptio*, Berlin 1871; Brinz, Kritische Vierteljahrsschrift Bd. XIV, S. 206 ff.; Zimmermann, Kritische Bemerkungen zu Eisele, Die materielle Grundlage u. s. w., Giessen 1872; Bekker; Die Aktionen des römischen Privatrechts, Berlin 1871, Bd. II S. 275 ff.; Lenel, Über Ursprung und Wirkung der Exceptionen, Heidelberg 1876; Thon, Rechtsnorm und subjektives Recht, Weimar 1878, S. 261 ff.; vgl. auch Wildhagen, Über die Verjährung der Einreden im heutigen römischen Rechte, Jena 1882, S. 43 ff., und nach dem Erscheinen des ersten Entwurfs: Fischer, Recht und Rechtsschutz, Berlin 1889, S. 94 ff.; Heymann, Das Vorschützen der Verjährung, Breslau 1895.

lichen erzielt werden kann. Endlich ist als meist nicht berücksichtigter Unterschied zu betonen, daß eine materielle Einrede nur als Gegenrecht gegen einen Anspruch denkbar ist, während die prozessuale Einrede diesen Zusammenhang mit einem materiellen Anspruch nicht voraussetzt.[4]

§ 2.

## Der Sprachgebrauch des Bürgerlichen Gesetzbuchs.[1]

Von „Einrede" spricht das Gesetz an folgenden Stellen: §§ 202, 390, 768, 771 (vgl. dazu 773, 239 Abs. 2), 813, 886,

---

[4] Bei der positiven Feststellungsklage hat der Kläger in der Regel außer einem materiellen Anspruch (oder einem anderen Recht) das Fest stellungsinteresse darzutun; diejenigen Tatsachen, welche ein solches in der Regel zu begründen vermögen, gehören zum Klaggrund; der Beklagte kann dagegen Tatsachen anführen, die ausnahmsweise das Feststellungsinteresse als nicht gegeben erscheinen lassen; in dieser Verteidigung liegt eine Einrede im prozessualen Sinne, die sich nicht gegen den Anspruch richtet.

[1] Literatur zur Einrede im BGB.: Friedenthal, Einwendung und Einrede in der CPO. und dem BGB., Jena 1898; Bucerius, Erörterung der Begriffe exceptio, Einrede und Einwendung nach römischem und gemeinem Recht, nach der CPO. und dem BGB. Gekrönte Preisschrift. Göttingen (1899); Hellwig, Anspruch und Klagrecht, Jena 1900, § 2 S. 8 ff.; Hellmann, Vorträge über das BGB., Allgemeiner Teil, Freiburg 1897, § 33 S. 197 ff.; Kipp-Windscheid, Lehrbuch des Pandektenrechts, 8. A., Frankfurt a. M. 1900, § 48 S. 180 ff.; Cosack, Lehrbuch des bürgerlichen Rechtes, 3. A., Jena 1900, Bd. I § 79 S. 281 ff., § 74 IX S. 264 ff.; Endemann, Lehrbuch des bürgerlichen Rechts, Bd. I, 8. A., Berlin 1901, § 88 No. 3, S. 516 ff.; Enneccerus-Lehmann, Das bürgerliche Recht, 2. A. Bd. I §§ 128, 129 S. 323 ff.; Kuhlenbeck, Von den Pandekten zum BGB., Berlin 1898, Bd. I, Abschn. VI § 5 S. 557 ff.; Matthiass, Lehrbuch des bürgerlichen Rechts, 3. A., Berlin 1900, § 70 II S. 307 ff.; Zitelmann, Das Recht des BGB., Allgemeiner Teil, Leipzig 1900, Kap. I, Abschn. 1, IV S. 24 ff., Kommentare: Biermann u. A., Allgemeiner Teil (Gareis) Berlin 1900 § 202 No. 5—9 S. 241 f.; Sachenrecht (Biermann) Berlin 1898 § 886 Anm. I S. 37; Fischer und Henle, 5. A., München 1902 § 202, Anm. 6 S. 109 f.; Hölder u. A., Allgemeiner Teil (Hölder) München 1900, Vorbemerkung zum 5. Abschnitt VII S. 405 ff., § 202, Anm. 2—7 S. 427 ff.; Meisner, Bd. 1, Breslau 1898, §§ 202—205 Anm. II S. 180 ff., Planck, Bd. I, 2. A., Berlin 1898, Vorbemerkung VIII S. 49. Vgl. auch Staffel, Sächsisches Archiv, Bd. X S. 665 ff., Flechtheim, (Gruchots) Beiträge zur Erläuterung des deutschen Rechts, Bd. XLIV S. 65 ff.

1137, 1157, 1169 (GBO. § 42), 1211, 1254 und in der Überschrift zu den §§ 2014—2017.

Diese Bestimmungen statuieren teils einzelne Einreden (§§ 771, 2014ff.), teils geben sie Regeln über alle Einreden (§§ 390, 768, 1137, 1157, 1211), oder über bestimmte Gruppen von Einreden (§§ 813, 886, 1169, 1254) oder über einzelne bestimmte Einreden (§ 202).

Betrachten wir weiterhin, ob sich etwas Gemeinsames im Sprachgebrauch zeigt, so ergibt sich:

§ 202 Abs. 1 spricht von Gründen, welche vorübergehend zur Verweigerung der Leistung berechtigen; § 202 nimmt von diesen Gründen einige, die als Einreden bezeichnet werden, aus.

§ 222 bezeichnet als Wirkung der Verjährung die Berechtigung zur Verweigerung der Leistung; §§ 390, 813 nehmen die Verjährung von einer über die Einreden gegebenen Regel aus.

§ 273 regelt die Wirkung des Zurückbehaltungsrechtes dahin, daß der Schuldner unter bestimmten Voraussetzungen die Leistung verweigern kann; § 202 nennt das Zurückbehaltungsrecht eine Einrede.

Der gleiche Zusammenhang zwischen Verweigerung der Leistung und Einrede findet sich im § 771 und in den §§ 2014ff. verglichen mit ihrer Überschrift.

Wir können also sagen, das Gesetz definiere die Einrede wenigstens indirekt dahin, daß ein Anspruchsverpflichteter eine Leistung verweigern könne, sofern man eine derartig nichtssagende Erklärung als Definition bezeichnen will.

Der Ausdruck „Verweigerung der Leistung" findet sich noch an verschiedenen anderen Stellen. Wir müssen bei der sehr sorgfältig bis ins einzelne gewählten Ausdrucksweise des Gesetzes annehmen, daß auch hier Einreden vorliegen.[2] Hierdurch ergeben

[2] Siber, Das gesetzliche Pfandrecht des Vermieters, Jena 1900, S. 57, will eine Einrede nur da in dem Verweigerungsrecht sehen, wo es heisst, der „Verpflichtete" könne verweigern. Wir sehen keinen inneren Grund für diese Beschränkung ein; wenn in § 985 eine Verpflichtung des Besitzers statuiert wird, und § 986 dann dem Besitzer ein Verweigerungsrecht gibt, so ist der laut § 985 verpflichtete Besitzer gemeint. „Verpflichteter" ist der allgemeine Ausdruck für den beim Anspruch passiv Beteiligten; er

sich folgende einzelne Einreden außer den bereits oben genannten §§ 771, 2014ff.: §§ 222, 258, 273, 320, 321, 478 Abs. 1, 490 Abs 3, 519 Abs. 1, 526, 633 Abs. 2 S. 2, 660 Abs. 2, 770, 811 Abs. 2 S. 2, 821, 853, 867 S. 3, 986, 1000, 1100, 1166, 1621, 1973, 1990, 2059, 2083, 2145, 2187, 2319;[3] vgl. ferner HGB. § 129 Abs. 2 u. 3, CPO. § 838, KO. § 41 Abs. 2.[4]

Drei dieser Einreden werden ausdrücklich als „Recht" bezeichnet, nämlich die der §§ 273, 320 (im § 322), 2059 (im Abs. 2 S. 2). Zweimal findet sich der weniger bestimmte Ausdruck Befugnis (§ 770 Abs. 2, HGB. § 129 Abs. 3). Mehrfach ist von „Berechtigung" „Berechtigt-Sein" die Rede (§§ 222, 519, 526, 633, 660, 2014, 2015). Sonst heißt es einfach „kann verweigern". Das Gesetz steht also auf dem Standpunkt, daß die Einrede ein besonderes Recht ist.

Verzichtbarkeit der Einreden setzen die §§ 768 Abs. 2, 1137 Abs. 2, 1211 Abs. 2 voraus.

Das Gesetz kennt zwei Gruppen: § 202 spricht von den Fällen, in denen der Verpflichtete vorübergehend zur Verweigerung der Leistung berechtigt ist; die Einreden der §§ 2014ff. werden in der Überschrift als aufschiebend bezeichnet, was offenbar mit vorübergehend gleichbedeutend ist. Im Gegensatz dazu betreffen die §§ 813, 886, 1169, 1254 nur diejenigen Einreden, durch welche die Geltendmachung des Anspruchs dauernd ausgeschlossen wird. Die beiden Gruppen werden wir als „vorübergehende" und „dauernde" Einreden unterscheiden müssen.

---

entspricht dem „Schuldner" bei der Forderung. Soweit möglich, drückt sich das Gesetz bestimmter aus (Erbe, Besitzer u. s. w.), ohne daß dies einen sachlichen Unterschied begründet. Übrigens sei hier bemerkt, daß wir im Folgenden die unschönen Bezeichnungen „Verpflichteter" und „Berechtigter" bisweilen durch „Schuldner" und „Gläubiger" ersetzen werden, auch wo es sich nicht nur um Forderungen, sondern um Ansprüche überhaupt handelt.

[3] Aus den §§ 2187, 2188 sowie aus § 2318 geht hervor, daß ein teilweises Verweigern als „kürzen" bezeichnet wird, darum kommen zu den im Text genannten Stellen noch hinzu die §§ 2188, 2318 Abs. 3, 2322.

[4] Die drei Bestimmungen in HGB., CPO. und KO. haben sämtlich ihre Formulierung bei der Neuredaktion, die gleichzeitig mit dem BGB. in Kraft getreten ist, gehalten. Darum darf auch hier derselbe Sprachgebrauch vorausgesetzt werden. Über § 2217, in dem es heißt, der Testamentsvollstrecker dürfe bestimmte Leistungen nicht verweigern, siehe unten S. 37.

## § 3.

## Das Verweigerungsrecht.

Versuchen wir die Bestimmungen des Gesetzes, soweit wir sie bisher kennen gelernt haben, unter gemeinrechtliche Begriffe zu bringen, so ist es ohne weiteres klar, daß in der „Einrede“, dem „Recht die Leistung zu verweigern“ die „materiellrechtliche Einrede“ des gemeinen Rechtes sich wiederholt. Einmal findet sich die Übereinstimmung darin, daß es sich hier wie dort um ein Recht handelt, daß dies Recht hier wie dort einem Anspruch gegenübersteht, endlich aber kehren auch die Hauptfälle des gemeinen Rechtes, die Verjährung, die Einrede des nichterfüllten Vertrages, die Vorausklage u. a. m. hier wieder.

An ein modernes Gesetz sollte man jedoch die Anforderung stellen können, daß seine Begriffe sich aus dem Gesetz selbst entwickeln lassen. Wir wollen untersuchen, ob dies im BGB. auf die Einrede zutrifft, m. a. W. ob es möglich ist, aus dem Gesetz selbst heraus zu lesen, was die Einrede praktisch bedeuten kann.

Das Gesetz sagt uns zunächst nur, die Einrede sei das Recht, eine Leistung zu verweigern. Leistung ist der Gegenstand des Anspruchs. Kraft des Anspruchs kann ein Berechtigter von einem Verpflichteten eine Leistung verlangen. Rein logisch betrachtet schließt das Recht, die Leistung zu verweigern, einfach das Recht, sie zu verlangen, aus; beides ist ja unvereinbar. Man würde also in der Einrede eine Negation des Anspruchs erblicken müssen, und zwar, je nachdem die Einrede dauernd oder vorübergehend ist, eine dauernde Negation oder eine vorübergehende, d. i. ein Hinausschieben der Entstehung oder der Fälligkeit.

Es ergibt jedoch eine genauere Betrachtung ohne weiteres, daß das Gesetz einen anderen Sinn haben muß, als diesen, den man a priori mit den Worten zu verbinden geneigt ist. Man vergleiche die §§ 812 und 813. Jener spricht von der Bereicherung ohne rechtlichen Grund; der wichtigste Fall ist die Begleichung einer vermeintlichen, in Wahrheit nicht bestehenden Verbindlichkeit. § 813 fügt die Fälle hinzu, in denen ein Anspruch, dem eine dauernde Einrede entgegensteht, erfüllt worden ist.

Wäre der Anspruch durch die Einrede negiert, so wäre die Vorschrift des § 813 überflüssig, ganz abgesehen davon, daß dann die Ausdrucksweise als ganz absonderlich bezeichnet werden müsste. Dasselbe ergibt eine Vergleichung der §§ 387 und 390. § 387 setzt als Aktivanspruch bei der Aufrechnung eine „fällige Forderung" voraus; die einredebehaftete Forderung wäre nach der hier zurückzuweisenden Wortauslegung entweder überhaupt keine Forderung, oder aber eine nicht fällige; es wäre also überflüssig, sie in § 390 auszunehmen. Das gleiche Ergebnis liefert die vergleichende Betrachtung des § 1254 einerseits mit den §§ 1204, 1252 andererseits.

Es kann soviel als sicher gelten, daß die Einrede weniger als eine Negation des Anspruchs bezw weniger als die Hinausschiebung der Fälligkeit bedeutet. Worin aber das Wesen besteht, wie sich diese mindere Wirksamkeit zeigt, wird ausdrücklich nirgends gesagt. Es gibt lediglich zwei Stellen, die uns wenigstens eine Andeutung geben:

In den §§ 273 und 320, 321 sind die Einreden des Zurückbehaltungsrechtes und des nicht erfüllten Vertrages statuiert. Die §§ 274 und 322 geben deren Wirkung im Prozeß an, und zwar dahin: Gegenüber der Klage aus einem Anspruch, dem das Recht, eine Leistung zurück zu behalten oder bis zur Bewirkung der Gegenleistung zu verweigern, entgegensteht, hat die Geltendmachung dieser Rechte „nur die Wirkung" einer Zug-um-Zug-Verurteilung. Also nicht das Recht selbst, das Dasein des Rechtes hat diese Wirkung, sondern erst seine Geltendmachung.[1] Wird das Recht nicht geltend gemacht, so wird der Beklagte trotz Vorhandensein des Rechtes (nicht Zug um Zug, sondern) unbedingt verurteilt. Hier findet sich also eine Anwendung des nicht ausgesprochenen Satzes, den wir auch als Charakteristikum der gemeinrechtlichen „materiellen Einrede" erkannt haben: Sie bedarf zur Berücksichtigung im Prozeß einer ausdrücklichen Geltendmachung.

Für die übrigen Einreden außer denjenigen des Zurückbehaltungsrechtes und des nicht erfüllten Vertrages ist die Wir-

[1] Die gleiche Ausdrucksweise findet sich in der CPO. § 305 bezüglich der Einreden in den §§ 2014, 2015.

kung der Geltendmachung nicht eine Zug-um-Zug-Verurteilung, sondern vollständige Klageabweisung.[2] Dies geht daraus hervor, daß in den beiden Ausnahmefällen, wie das „nur" der §§ 274, 322 zeigt, eine geringere Wirkung eintreten soll als sonst.

Eine gewisse Hindeutung darauf, daß die Wirksamkeit der Einrede von einer Geltendmachung abhängig ist, findet sich auch in der Konstruktion der Einrede als Recht, sowie überhaupt in der ganzen wesentlich subjektiven Fassung aller einschlagenden Bestimmungen. Sind diese Momente auch nicht klar genug, daß man daraus die praktische Bedeutung der Einrede erkennen könnte, so bestärken sie doch jedenfalls die Ansicht, daß das Gesetz das Erfordernis der Geltendmachung zwar nicht ausgesprochen, aber als selbstverständlich vorausgesetzt habe. Wir dürfen danach als erste Ergebnisse aufstellen:

Die Einrede ist ein dem Anspruch gegenüberstehendes Recht. Wird der Anspruch Gegenstand des Prozesses, so müssen auf Grund desselben Tatsachenmaterials zwei entgegengesetzte Entscheidungen ergehen, je nachdem ob eine Geltendmachung erfolgt oder nicht.

Die Einrede hat als Recht zur Verweigerung der Leistung nahe Beziehung zum Anspruch; sie ist nur in Verbindung mit diesem denkbar. Wir werden darum die Frage nach dem Wesen der Einrede auch dahin formulieren können: Was ist der mit Einrede behaftete Anspruch?

Die wichtigste Wirksamkeit des Anspruchs ist die Erzwingbarkeit der kraft des Anspruchs geschuldeten Leistung, die Klagbarkeit. Die Wirkung der Einrede auf diese Seite des Anspruchs haben wir kennen gelernt. Allein damit erschöpft sich die praktische Bedeutung des Anspruchs keineswegs. Es bleibt darum zu untersuchen, ob die Einrede auch im übrigen die Wirksamkeit des Anspruchs einschränkt oder beseitigt.

Der Einfluss der Einrede auf den Anspruch wird offensichtlich ein wesentlich verschiedener sein, je nachdem, ob sie dauernd besteht oder auf bestimmte Zeit beschränkt ist. Wir werden

[2] Bisweilen Verurteilung unter einem Vorbehalt. CPO. § 305.

daher zunächst die dauernden Einreden, oder genauer den mit dauernder Einrede behafteten Anspruch, später erst die vorübergehenden Einreden behandeln.

---

# Die dauernden Einreden.

## § 4.

## a) Die positiven Gesetzesbestimmungen.

Die §§ 390, 768, 813, 886, 1137, 1169, 1211, 1244[1] enthalten Vorschriften teils über die dauernden Einreden, teils über alle Einreden. Es handelt sich hier überall um bestimmte Anspruchswirkungen.

§ 813. Wird etwas mit der Bestimmung gegeben, Erfüllung für einen Anspruch zu sein, so kann der Empfänger das Empfangene behalten, wenn er wirklich einen Anspruch hatte; er muss es aber zurückgeben, wenn der Anspruch in Wirklichkeit nicht bestand. Dies Prinzip der römischen *condictio indebiti* enthält, wenn auch etwas versteckt, § 812; der Anspruch ist ein „rechtlicher Grund“. Nach § 813 sichert ein mit dauernder Einrede behafteter Anspruch dem Empfänger das Erhaltene nicht; dieser Anspruch ist also kein rechtlicher Grund. Ausgenommen wird die Verjährungseinrede, § 222 Abs. 2.

§ 390. Steht einer fälligen Forderung eine gleichartige Gegenforderung entgegen, so kann der Gläubiger aufrechnen. Er schafft sich damit selbst Befriedigung; diese besteht in der Befreiung von der gegen ihn gerichteten Gegenforderung. Gleichzeitig zwingt er dem Gegner Befriedigung für die Gegenforderung auf, und zwar nicht durch Gewährung der kraft der Gegenforderung geschuldeten Leistung, sondern durch Aufgabe der Hauptforderung. Wer keine vollwirksame, sondern nur eine mit Einrede behaftete Forderung hat, kann nicht aufrechnen. Die Verjährungseinrede wird teilweise ausgenommen (Abs. 2).

§ 768. Ein Anspruch (insbesondere eine Forderung) kann

---

[1] Ausserdem § 1157, der zunächst beiseite bleiben kann. Vgl. unten S. 45 f.

durch eine Bürgschaft gesichert werden. Es baut sich in diesem Fall auf die Hauptforderung eine weitere Forderung, die sich gegen den Bürgen richtet, auf. Für das Entstehen der letzteren ist ebenso wie für das Fortbestehen immer das Vorhandensein einer Hauptforderung Voraussetzung, das ergibt sich aus § 765. § 768 zeigt, daß die mit dauernder Einrede behaftete Forderung nicht untauglich ist, als Grundlage für die Bürgschaft zu dienen. Allein die Einrede ergreift dann auch die Bürgschaftsforderung, d. h. auch der Bürge kann die Einrede im Prozeß vorschützen und damit Abweisung (oder Verurteilung Zug um Zug) herbeiführen; gegen ihn kann nicht aufgerechnet werden, er zahlt bei der Befriedigung ein *indebitum* u. s. w. Die Einrede beschränkter Erbenhaftung, welche nachträglich gegen den Hauptanspruch erwächst, steht aber dem Bürgen nicht zu.

§§ 1211 und 1254. Auch die Sicherung eines Anspruchs durch Pfandbestellung setzt, ebenso wie diejenige durch Bürgschaft, das Bestehen und Fortbestehen des Anspruchs voraus (§§ 1204, 1252). Eine mit dauernder Einrede behaftete Forderung kann ein Pfandrecht tragen, allein die Einrede ergreift nach § 1211 auch das Pfandrecht, sie steht auch dem Verpfänder zu. Wir haben bisher nur einredebehaftete Ansprüche kennen gelernt und die Hauptwirkung der Einrede zeigte sich bei der Ausklagung des Anspruchs; hier steht die Einrede einem Pfandrecht gegenüber. Das Pfandrecht selbst ist ein dingliches Recht; es bildet möglicherweise die Unterlage für einen pfandrechtlichen Anspruch des Pfandgläubigers, aber im Regelfall wird beim Pfandrecht die Ausklagung eines Anspruchs nicht vorkommen: Der Pfandgläubiger ist Besitzer; er befriedigt sich ohne Klage durch Versteigerung oder Verkauf. Eine prozessuale Geltendmachung der dem Pfandrecht gegenüberstehenden Einrede ist also regelmäßig ausgeschlossen. Anstatt dessen wirkt die dauernde Einrede dem Pfandrecht gegenüber in anderer Weise wie § 1254 bestimmt: sie berechtigt den Verpfänder und den Eigentümer, Rückgabe der Pfandsache zu verlangen und damit das Pfandrecht zum Erlöschen zu bringen. Würde der Pfandgläubiger, ehe das Pfandrecht in dieser Weise aufgehoben wird, die Pfandsache versteigert haben, so wäre er zur Herausgabe des

Erlöses an den Verpfänder verpflichtet; denn er wäre dann ohne rechtlichen Grund bereichert (der dauernd verweigerbare Anspruch ist, wie wir sahen, kein „rechtlicher Grund“, § 813). Kommt ausnahmsweise ein Anspruch des Pfandgläubigers gegen den Verpfänder und dessen Ausklagung vor, so steht dem Verpfänder die Einrede dagegen zu: so, wenn der Verpfänder nachträglich wieder in den Besitz der Pfandsache gekommen ist oder wenn er von vorn herein den Mitbesitz an ihr hatte (§§ 1206, 1231); in diesen Fällen hat der Pfandgläubiger einen Anspruch auf Herausgabe; gegen diesen würde dem Verpfänder die Einrede in ihrer ursprünglichen Wirkungsweise (Geltendmachung im Prozeß) zustehen.

Auch § 1211 (und damit gleichzeitig § 1254) findet nicht auf alle dauernden Einreden Anwendung. Im § 1211 wird die nachträglich entstehende Einrede beschränkter Erbenhaftung ausgenommen. Außerdem bildet die Verjährungseinrede eine Ausnahme, und zwar ebensowohl dann, wenn das Pfand für eine bereits verjährte Forderung bestellt wird, wie auch dann, wenn die Verjährung sich erst nachträglich vollendet. Letzteres spricht (mit einer Einschränkung bezüglich älterer Zinsen) § 223 ausdrücklich aus. Ersteres erfolgt aus § 222 Abs. 2 S. 2: Die Pfandbestellung ist eine Sicherheitsleistung. Wird ein Pfand für eine bereits verjährte Schuld gegeben, so kann es dem Pfandgläubiger nicht um der Verjährung willen abgenommen werden; dieser ist vielmehr berechtigt, es zu seiner Befriedigung zu verwerten, sich auch im Falle des § 1206 Alleinbesitz daran zu verschaffen u. s. w. Diese letzteren Befugnisse spricht zwar § 222 dem Pfandgläubiger nicht ausdrücklich zu, allein sie sind ohne weiteres deshalb anzunehmen, weil sonst eine für alle Zeiten nicht realisierbare, aber auch niemals erlöschende Sicherheitsleistung geschaffen würde. Es kann endlich bei der Bestellung eines Pfandes für eine bereits verjährte Forderung keinen Unterschied machen, ob die Bestellung vom Verpflichteten (Schuldner) ausgeht oder von einem Dritten; zwar spricht § 222 Abs. 2 S. 2 nur von einer Sicherheitsleistung des Verpflichteten; allein, ebensowenig wie eine von einem Dritten ausgehende Befriedigung des verjährten Anspruchs diesem eine *condictio indebiti* gibt, ebensowenig kann Rückforderung der Sicherheit, der Pfandsache, zulässig sein.

§§ 1137 und 1169. Für die Hypothek gilt genau dasselbe, wie für das Pfandrecht. Klagt der Gläubiger auf Befriedigung aus dem Grundstück, so kann der Grundstückseigentümer die Einrede im Prozeß geltend machen. Daneben hat er die (dem § 1254) entsprechende Befugnis, die Umwandlung der Hypothek in eine Eigentümerhypothek zu erzielen (§§ 1169, 1168).

§ 886. Die Vormerkung für einen nicht bestehenden Anspruch ist bedeutungslos, mag der Anspruch von vornherein nicht bestanden haben oder später erloschen sein. Derjenige, gegen den sie sich richtet, kann nach § 894 ihre Löschung verlangen[2]. Steht dem Anspruch eine dauernde Einrede entgegen, so gewährt ihm § 886 dasselbe Recht. Ausgenommen ist die Einrede beschränkter Erbenhaftung; § 884.

## § 5.

## b) Welches Prinzip liegt den gesetzlichen Bestimmungen zu Grunde?

Überblicken wir die positiven Gesetzesbestimmungen, so fällt zunächst auf, daß die Einreden der Verjährung und der beschränkten Erbenhaftung von den aufgestellten Rechtssätzen vielfach ausgenommen sind. Die anspruchschwächende Wirkung dieser beiden Einreden ist geringer, der Anspruch bleibt stärker, als bei den übrigen Einreden. Dabei sind diese beiden Einreden untereinander keinesweg gleich zu behandeln, denn es sind nicht immer beide ausgenommen, sondern bisweilen nur die eine oder die andere.

1. Lassen wir diese beiden besonders behandelten dauernden Einreden zunächst außer Betracht, so läßt sich feststellen, daß eine dauernde Einrede nicht nur auf die Klagbarkeit des Anspruchs, sondern auch auf eine große Reihe anderer Wirkungen desselben ihren hemmenden Einfluß ausübt. Und zwar wird auch im übrigen, wie bei der Klagbarkeit, die Wirksamkeit des Anspruchs nicht objektiv ausgeschlossen, sondern es wird nur dem Verpflichteten die Möglichkeit gegeben, ihn nicht wirken zu lassen.

---

[2] Vgl. Dernburg, Das bürgerliche Recht Bd. III, 2. A. S. 153; über die Frage, inwieweit Dritte die Löschung verlangen können, vgl. unten S. 16.

Dies zeigt sich am Deutlichsten in den Bestimmungen über das Pfandrecht, die Hypothek, die Vormerkung, wo es dem Willen des Betroffenen anheim gegeben wird, diese Rechte zu beseitigen. Bei der Bürgschaft erscheint die Einrede genau in ihrer ursprünglichen Gestalt, nur auf die Bürgschaftsforderung ausgedehnt. Im § 813 ist zwar ein Unterschied zwischen dem Nichtbestehen eines Anspruchs und dem Behaftetsein mit dauernder Einrede nicht zu sehen; allein hier ist das subjektive Element auch ohne weiteres vorhanden: es ist selbstverständlich stets demjenigen, auf dessen Kosten ein anderer bereichert ist, anheim gegeben, ob er zurückfordern will oder nicht. Weggefallen scheint dagegen jedes subjektive Element, jedes Erfordernis der Geltendmachung, im § 390; bei genauerer Betrachtung ist dies jedoch auch nicht der Fall.

Ist von zwei gegenüberstehenden gleichartigen Forderungen die eine mit einer Einrede behaftet, so kann der Gläubiger dieser Forderung allerdings nicht aufrechnen; zweifellos ist aber der Gegner, der Gläubiger des vollwirksamen Gegenanspruchs (gleichzeitig Verweigerungsberechtigter bezüglich des Hauptanspruchs) zur Aufrechnung befugt; erklärt er die Aufrechnung, so erlöschen beide Ansprüche, der einredebehaftete und der vollwirksame, während eine Aufrechnungserklärung bedeutungslos ist, wenn einer der beiden Ansprüche gar nicht besteht.[1] Es ist also zweifellos, daß die einredebehaftete Forderung auch hinsichtlich der Aufrechnung vollwirksam sein kann, wenn der Einredeberechtigte sich hierfür entscheidet. Der Unterschied gegen die übrigen Anspruchswirkungen besteht nur darin, daß überall sonst die Einrede so lange außer acht bleibt, der Anspruch so lange als vollwirksam behandelt wird, bis der Einredeberechtigte sich erklärt, bis er von seiner Einrede Gebrauch macht, während die Aufrechnung trotz Schweigens des Berechtigten ausgeschlossen ist. Der Grund ist nicht fernliegend. Die Aufrechnung erfolgt durch einseitige Erklärung außerhalb des Prozesses. Es fehlt hier an jedem Verfahren, innerhalb dessen eine Erklärung des Einredeberechtigten

---

[1] Das ist allerdings bestritten. Vgl. SIBER, Compensation und Aufrechnung, Leipzig 1899, S. 92 und die dort Zitierten.

möglich wäre; darum kann das Schweigen nicht zu seinen Ungunsten wirken. Erfolgt die Aufrechnung im Prozeß, so ist dem gegenüber die Einrede natürlich nur zu berücksichtigen, wenn sie geltend gemacht wird. Dasselbe muß aber auch dann angenommen werden, wenn der Aufrechnende sich im Prozeß auf die vorher vollzogene Aufrechnung beruft.

Danach ist also die Wirkung des Anspruchs nach allen bisher betrachteten Richtungen hin durch die dauernde Einrede in das Belieben des Verpflichteten gestellt.[2] Dieser kann durch einfache Erklärung, bei der er seinerseits nichts aufzuopfern braucht, jede ihm lästige Anspruchswirkung beseitigen. Er wird darum ganz regelmäßig von der Einrede Gebrauch machen; praktisch ist der Anspruch damit fast vernichtet. Immerhin bleibt das Bestehen des Anspruchs in einiger Hinsicht auch praktisch bedeutungsvoll.

Einmal besteht die Möglichkeit des Verzichts. Das ist mehr, als die Möglickeit des Verschweigens im Prozeß. Verschwiegen werden kann auch eine Tatsache, welche ohne besondere Geltendmachung vom Richter zu berücksichtigen ist, welche objektiv wirkt, sei es, daß sie die Entstehung des Anspruchs hindert (z. B. Geschäftsunfähigkeit) oder ihn wieder aufheht (z. B. Zahlung). Allein es ist nicht möglich, auf die Wirkung dieser Tatsachen derart zu verzichten, daß der Anspruch nun entsteht oder wiederauflebt. Es kann hier nur eine Neubegründung stattfinden; das folgt logisch aus der Tatsache des Nichtbestehens,[3] wird für die rechtshindernden Tatsachen auch in § 141 ausgesprochen. Gehört zur Entstehung des Anspruchs eine bestimmte Form, so muß diese wiederholt werden. Dagegen kann der Verzicht auf

[2] Im Pandektenrecht wird gewöhnlich gelehrt, daß niemand sich verpflichten könne unter der Bedingung, daß er verpflichtet sein (leisten) wolle; durch eine derartige Bedingung werde vielmehr ein Anspruch überhaupt ausgeschlossen. Der mit dauernder Einrede behaftete Anspruch ist mit einer Verpflichtung unter der genannten Bedingung vergleichbar, genauer freilich mit einer umgekehrten auflösenden Bedingung: A ist verpflichtet, doch hört die Verpflichtung auf, wenn er nicht leisten will.

[3] A. M. KIPP-WINDSCHEID, Pandekten, 8. A., S. 178.

die Einrede durch formlosen Vertrag erfolgen.[4] Nach dem Verzicht kann der vorher zur Verweigerung Berechtigte seine Einrede nicht mehr mit Erfolg geltend machen; der Anspruch ist vollwirksam.

Endlich kann der verweigerbare Anspruch noch in Bezug auf Dritte, an ihm unbeteiligte Personen praktische Bedeutung haben. Es handelt sich nicht um diejenigen Personen, welche persönlich oder mit bestimmten Gegenständen für den Anspruch mithaften, wie Bürge, Verpfänder, Eigentümer des Hypothekengrundstücks, Inhaber des von der Vormerkung betroffenen Rechtes. Diese Mithaftenden sind sämtlich einredeberechtigt, und zwar hat jeder die Einrede selbständig; insbesondere bestimmen die §§ 768 Abs. 2, 1137 Abs. 2, 1211 Abs. 2 ausdrücklich, daß Bürge, Verpfänder, Grundstückseigentümer von einem etwaigen Verzicht des persönlichen Schuldners auf die Einrede nicht getroffen werden. Vielmehr sprechen wir hier von weiteren Personen, auf welche der Anspruch Reflexwirkungen ausübt. Diesen Außenstehenden ist die Einrede nicht gewährt; läßt der einredeberechtigte Verpflichtete den Anspruch wirken oder verzichtet er auf die Einrede, so werden die Außenstehenden davon unter Umständen empfindlich betroffen.

Besteht z. B. an einer beweglichen Sache ein Pfandrecht und nach ihm ein anderes dingliches Recht, so würde beim Erlöschen des Pfandrechts das nachstehende Recht aufrücken. Steht hier nun dem durch das Pfandrecht gesicherten Anspruch eine dauernde Einrede entgegen, so kann der Verpfänder und der Eigentümer das Pfandrecht zum Erlöschen bringen. Wenn aber weder der eine noch der andere von diesem Recht Gebrauch macht — und sie haben vielleicht wegen des nachstehenden Rechts wenig Interesse daran — so muß der Nachberechtigte sich dies gefallen lassen. Würde sich dagegen herausstellen, daß der gesicherte Anspruch (und damit zugleich das Pfandrecht) nicht besteht, oder würde er nachträglich untergehen, so würde der

---

[4] Dagegen genügt nicht einseitiger Verzicht. § 305, der für Verfügungen über Forderungen einen Vertrag verlangt, ist auf andere Rechte analog auszudehnen. Vgl. Planck, Kommentar, Bd. II, 1. u. 2. A. S. 79.

Nachberechtigte an erste Stelle rücken; mag der Eigentümer dies wollen oder nicht.

Ebenso bei der Vormerkung: Eine Vormerkung für einen nicht bestehenden Anspruch ist ohne rechtliche Bedeutung. Die Löschung der Vormerkung kann nicht allein der Inhaber des betroffenen Rechtes, sondern auch jeder nachstehend Berechtigte verlangen, da das Grundbuch insoweit unrichtig ist (§ 894). Würde der Eigentümer trotz Nichtbestehens des Anspruchs die Eintragung eines Rechtes bewilligen, das inhaltlich demjenigen entspräche, auf dessen Einräumung der vorgemerkte (vermeintliche) Anspruch sich richtet, so würde das Recht nicht den Rang der Vormerkung erhalten. Denn durch die Vormerkung wird nicht ein Raum für irgend ein Recht bestimmten Umfangs freigelassen, sondern nur für die Verwirklichung des einen bestimmten Anspruchs.[5] Anders ist es, wenn dem vorgemerkten Anspruch nur eine dauernde Einrede entgegensteht. Hier kann nur der Einredeberechtigte die Beseitigung der Vormerkung verlangen. Eine Unrichtigkeit des Grundbuchs liegt nicht vor. Wird der einredebehaftete Anspruch durch Eintragung verwirklicht, so erhält das eingetragene Recht den Rang der Vormerkung.

2. Die Einrede beschränkter Erbenhaftung wird in den §§ 1973 und 1990 statuiert. § 1990 hat ausschließlich, § 1973 in der Hauptsache, den Zweck, dem Erben die Möglichkeit zu zu geben, daß er sich einer Haftung über den Nachlaß hinaus entziehen kann.[6]

Die Einrede beschränkter Erbenhaftung wird in mehreren

---

[5] Ein Beispiel: Zwischen A und B entsteht Streit, ob A verpflichtet ist, dem B einen Nießbrauch an seinem Grundstück zu bestellen. Zur beiderseitigen Sicherung vereinbaren sie Eintragung einer Vormerkung. Nachdem das Grundstück dann mit Zwangshypotheken für Gläubiger des A belastet worden ist, wird festgestellt, daß eine Verpflichtung des A nicht besteht. Nun wäre A geneigt, dem B einen Nießbrauch in dem Umfang des Vertrages gegen Vergütung einzuräumen, um so die Zwangshypotheken zurückzudrängen. Das kann er nicht; erfolgte trotzdem ein Eintrag, so würden die Zwangshypotheken dem Nießbrauch vorgehen.

[6] Daß § 1973 auch Bedeutung hat bei solventem Nachlaß, ist für unsere Betrachtung ohne Bedeutung. Vgl. Strohal, Das deutsche Erbrecht auf der Grundlage des BGB., 2. A. Berlin 1901 § 75 S. 449a.

Fällen von den Regeln über die dauernden Einreden ausgenommen: Ihre Wirkung erstreckt sich nicht auf Bürgschaft, Pfandrecht, Hypothek, Vormerkung. Überall also, wo eine Sicherheit bestellt ist, bleibt diese unangetastet. Der Grund ist offensichtlich: Die Sicherheit soll dann wirken, wenn der Hauptschuldner nicht mehr zur Leistung im stande ist, das ist aber gerade dann der Fall, wenn der Schuldner mit Hinterlassung eines zur Deckung seiner Verbindlichkeiten nicht ausreichenden Aktivnachlasses verstirbt.

Die Einrede beschränkter Erbenhaftung ist also eine rein persönliche des Erben. Sie beeinflußt nicht den ganzen Anspruch, sondern nur die Haftung des Erben, läßt dagegen die Sicherheiten (Nebenhaftungen) unberührt.

Über den Wortlaut des Gesetzes hinaus werden wir aber auch die Vorschrift des § 390 für die Einrede beschränkter Erbenhaftung teilweise durchbrechen müssen: Soweit nämlich der Nachlaßgläubiger zur Zeit des Eintrittes der beschränkten Haftung in der Lage war, gegen eine zum Nachlaß gehörige, gegen ihn selbst gerichtete Gegenforderung aufzurechnen, muß ihm diese Befugnis auch nach Erwachsen der Einreden noch zugestanden werden.[7]

3. Die Verjährungseinrede endlich ist die schwächste von allen dauernden Einreden.

Sehen wir genauer zu, so hat die Verjährung nur die Wirkung, eine zwangsweise Beitreibung der Leistung gegen den Willen des Verpflichteten unmöglich zu machen. So hat dieser im Prozeß die Einrede; so ist auch zwangsweise Beitreibung durch Aufrechnung in der Regel ausgeschlossen. Eine Ausnahme besteht jedoch für die Aufrechnung insofern, als sie zulässig ist, wenn die Möglichkeit der Aufrechnung bereits bestand, ehe die Verjährung vollendet war. Der Grund dieser Vorschrift ist offensichtlich: Auch vor der Aufrechnungserklärung fühlt sich jeder der beiden Gläubiger bereits im Besitz des ihm Zukommenden; er hat keine Veranlassung, vorzugehen; es wäre unbillig, hier durch Verjährung, welche bei dem einen Anspruch regelmäßig früher eintritt als bei dem andern (verschiedene Verjährungsfrist,

[7] Vgl. Strohal, Erbrecht. 2. A., S. 452, 496.

verschiedene Entstehungszeit), die Aufrechnungsmöglichkeit wegfallen zu lassen.

Alle übrigen Wirkungen der sonstigen dauernden Einreden sind dagegen bei der Verjährungseinrede nicht vorhanden.

Das gilt ausdrücklich für die Rückforderung des auf den Anspruch Geleisteten (§§ 222 Abs. 2 S. 1, 813 Abs. 1 i. f.)

Pfand und Hypothek werden dadurch, daß die Verjährung sich vollendet, nicht angetastet, § 223 (Ausnahme bezüglich der Zinsen; Abs. 3). Bestellung von Pfand oder Hypothek für eine bereits verjährte Schuld ist vollwirksam, mag sie vom Verpflichteten selbst oder einem Dritten ausgehen (folgt aus § 222 Abs. 2 S. 2; vgl. oben S. 11).

Was von der nachträglichen Bestellung eines Pfandes durch einen Dritten gilt, muß auch von einer nachträglich für die verjährte Schuld zugesagten Bürgschaft gelten. Auch sie ist eine Sicherheitsleistung, fällt also unter § 222 Abs. 2 S. 2. Auch die Analogie des Schuldanerkenntnisses führt dazu, die Bürgschaft für wirksam zu erklären. Insoweit ist also der Satz des § 768 für die Verjährungseinrede durchbrochen; er gilt nicht, wenn die Verjährung bei Eingehung der Bürgschaft vollendet ist.

Zweifelhafter könnte es erscheinen, ob man auch die zu Gunsten des Hauptschuldners eingetretene Verjährungseinrede demjenigen Bürgen, der bereits vorher vorhanden ist, versagen soll. Unseres Erachtens sprechen auch hierfür überwiegende Zweckmäßigkeitsgründe. Für einen besonders gearteten Fall kann dies nicht bezweifelt werden: Wenn nämlich der Gläubiger allein den Bürgen verklagt, nicht aber den Hauptschuldner, und sich während dieses Prozesses die zu Gunsten des Hauptschuldners laufende Verjährung vollendet, würde nach dem Wortlaut des § 768 der Bürge nun befugt sein, die dem Hauptschuldner erwachsene Verjährungseinrede geltend zu machen. Dies muß selbstverständlich ausgeschlossen sein. Aber auch abgesehen von diesem extremen Fall führt die Anwendung des § 768 auf die Verjährungseinrede zu Unbilligkeiten. Hat sich z. B. kurz vor Ablauf der Verjährungsfrist erst ein Bürge gefunden und ist die Bürgschaft ohne Mitwirkung des Hauptschuldners zu stande gekommen, so daß ein die Verjährung nach § 208 unterbrechendes Anerkenntnis des

Hauptschuldners nicht vorliegt, so wird der Gläubiger es leicht gerade mit Rücksicht auf die Bürgschaft unterlassen, gegen den Hauptschuldner vorzugehen und damit eine Unterbrechung der Verjährung herbeizuführen. Man bedenke ferner den Fall, daß die Zinsen für eine verzinsliche Schuld längere Jahre hindurch immer pünktlich vom Bürgen bezahlt werden, nicht vom Hauptschuldner (der vielleicht ausgewandert und nicht erreichbar ist); auch hier läuft die Verjährung für den Hauptschuldner fortwährend, da ein Anerkenntnis von seiner Seite nicht vorliegt. Es wäre unbillig, wollte man dem Bürgen nun unmittelbar nach der letzten Zinszahlung gestatten, sich auf die inzwischen vollendete Verjährung gegenüber dem Hauptschuldner zu berufen.

Um diese Resultate zu vermeiden, muß man u. E. die Verjährung für den Hauptschuldner und für den Bürgen getrennt laufen lassen. Die Verjährung für den Bürgen hat an sich dieselbe Zeitdauer, sie beginnt aber erst mit Begründung der Bürgschaft, kann selbständig unterbrochen und gehemmt werden. Die Verjährung zu Gunsten des Hauptschuldners ist davon völlig getrennt, derart, daß einmal mit ihrer Vollendung der Bürge noch keine Einrede hat, andererseits aber auch Hemmungen und Unterbrechungen der Verjährung der Hauptschuld nicht gegen den Bürgen wirken.[8]

Diese getrennte Verjährung entspricht zwar nicht ganz dem Wortlaut des § 768, allein sie hat doch an anderer Stelle im Gesetz ihre Stütze. Im § 202 Abs. 2 wird ausgesprochen, daß die vorübergehenden Einreden des Bürgen aus den §§ 770, 771 (entgegen der Regel des § 202 Abs. 1) nicht hemmend wirken

---

[8] Regelmäßig wird in den Lehrbüchern und Kommentaren die Verjährung als Beispiel für die Anwendung des § 768 genannt. Eine Einschränkung machen PLANCK, Kommentar, Bd. II, 1. u. 2. A. S. 513; FISCHER-HENLE, Handausgabe, 5. A. S. 360; MATTHIASS, Lehrbuch, 2. A., Bd. I. S. 624 insofern, als sie Unterbrechungsgründe getrennt wirken lassen. MATTHIASS sagt weiterhin: „Der Bürge kann sich auf die dem Hauptschuldner gegenüber vollendete Verjährung trotz einer Unterbrechung gegenüber dem Hauptschuldner berufen.“ Was damit gemeint ist, bleibt unverständlich. Vgl. noch HÖLDER, Kommentar, Bd. I S. 451, der es für angemessen erachtet, dem Pfandrecht hier sonstige Sicherungen gleichzustellen.

sollen. Diese Vorschrift setzt getrennte Verjährung für die Bürgschaft und die Hauptforderung voraus. Denn würde sich die Verjährung der Bürgschaftsverpflichtung ganz nach der Verjährung der Hauptschuld richten, so wäre es ganz bedeutungslos, ob die nur dem Bürgen zustehenden Einreden hemmend wirken oder nicht.

Kann danach u. E. die Vorschrift des § 768 auf die Verjährungseinrede niemals Anwendung finden, so möchten wir dasselbe auch für die Vorschrift im § 886 annehmen. Auch hier werden wir unterscheiden müssen zwischen zwei Fällen: Eintragung einer Vormerkung für einen bereits verjährten Anspruch und Vollendung der Verjährung nach Eintragung der Vormerkung. Im ersteren Falle ist es wieder möglich, daß die Eintragung der Vormerkung bewilligt, oder daß sie durch einstweilige Verfügung angeordnet ist. In der Bewilligung einer Vormerkung liegt eine Sicherheitsleistung (§ 883). Es schlägt also § 222 Abs. 2 S. 2 ein: die Sicherheitsleistung kann nicht deshalb zurückgezogen werden, weil der Anspruch verjährt ist. Es ist hier, wie beim Pfand, anzunehmen, daß das Gesetz nicht einen ewigen Schwebezustand gewollt hat: die nicht zu beseitigende Vormerkung eines Anspruchs, der nie zur Ausführung kommen kann. Vielmehr muß nun konsequent der vorgemerkte Anspruch auch zwangsweise durchführbar sein, d. h. die Einrede der Verjährung kann die Eintragung, auf welche sich der Anspruch richtet, nicht hindern. Anders freilich, wenn die Vormerkung auf Grund einer einstweiligen Verfügung beruht. Die einstweilige Verfügung ist regelmäßig nichts anderes als eine vorausgenommene Vollstreckung. Eine solche kann nicht hindern, daß in dem nachfolgenden Prozeß die Einrede der Verjährung geltend gemacht wird;[9] dringt diese durch, so ist die Vormerkung zu beseitigen.

[9] Dieser Satz bildet eine Durchbrechung des im § 222 Abs. 2 ausgesprochenen Prinzips. Er gilt allgemein: Ist ein vorläufig vollstreckbares Versäumnisurteil oder Urteil erster Instanz ergangen und leistet der Verurteilte zur Abwendung der Zwangsvollstreckung das dem Kläger Zugesprochene, so ist er trotz § 222 Abs. 2 berechtigt, das Geleistete zurückzufordern, wenn er in dem weiteren Verfahren auf Grund der Verjährungseinrede eine Klagabweisung erzielt.

Zweifelhaft kann nur sein, ob der Verpflichtete das Recht haben soll, die Beseitigung der Vormerkung zu verlangen, wenn die Verjährung sich während Bestehens der Vormerkung vollendet. U. E. sprechen Billigkeitsgründe dafür, ihm dies Recht zu versagen. Dies ergibt die Analogie von Pfand und Hypothek.[10]

Hiernach bleiben als Wirkungen der Verjährungseinrede lediglich übrig, daß der Verpflichtete die zwangsweise Beitreibung des Geschuldeten im Prozeß immer verhindern kann und daß die Aufrechnung in der Regel ausgeschlossen ist.

## § 6.

## c) Die einzelnen dauernden Einreden.

An einzelnen Einreden haben wir bisher die Verjährungseinrede und die Einrede beschränkter Erbenhaftung kennen gelernt; letztere findet analoge Anwendung im Falle des § 419.

Der Einrede beschränkter Erbenhaftung stehen einige andere Fälle sehr nahe, nämlich die der §§ 2187, 2188, 2318 Abs. 3, 2319, 2322, 2328. In allen diesen Fällen erhält jemand eine gewisse Vermögensmasse und wird in ursächlichem Zusammenhang damit zu bestimmten Leistungen verpflichtet. Überall soll die Einrede verhüten, daß der Erwerber der Vermögensmasse mehr leisten muß als er erhält. Ähnlich liegt der Fall des § 519, der dem Schenker die Einrede des Notbedarfs gewährt; auch hier ist der Grund der Einrede unzureichendes Vermögen. Es ist offensichtlich, daß die Einreden sämtlich einen höchst per-

---

[10] Als Gründe, warum Pfandrecht und Hypothek von der Verjährung unberührt bleiben, glauben wir Folgendes ansehen zu dürfen: Einmal ist hier viel weniger mit der Möglichkeit zu rechnen, daß der Anspruch getilgt ist, als bei anderen weit zurückliegenden Ansprüchen, denn sonst wäre bei der Tilgung wahrscheinlich die Sicherheit zurückgefordert worden. Andererseits hat der Gläubiger, der ein Pfand in Händen hat oder für den eine Hypothek eingetragen ist, viel weniger Veranlassung, zwangsweise vorzugehen; es wäre unbillig, ihm die Sicherheit durch Zeitablauf abhanden kommen zu lassen. Die gleichen Gründe lassen sich bei der Vormerkung geltend machen. Die hier verfochtene Ansicht hat sonst noch keine Vertretung gefunden. Die meisten nennen als Beispiel für Anwendung des § 886 gerade die Verjährung.

sönlichen Charakter tragen müssen; denn wenn andere Personen für die Verbindlichkeit mithaften, so liegt kein Grund vor, auch sie zu begünstigen.

Positivrechtlich wird, wie wir sahen, nur bei der Einrede beschränkter Erbenhaftung die Beschränkung auf die Person ausgesprochen. Dies hat darin seinen Grund, daß in den übrigen Fällen Nebenhaftungen fast niemals vorkommen werden. Indessen sind sie nicht ausgeschlossen. Z. B. kann sich jemand für die Erfüllung eines Schenkversprechens verbürgen. Hier kann dem Bürgen die Einrede des Notbedarfs aus der Person des Schenkers nicht eingeräumt werden. Der Bürge würde ja zweifellos haften, wenn vom Schenker überhaupt nichts mehr zu erlangen ist; also muß er auch haften, wenn der Schenker nur den Notbedarf hat, der ihm nicht genommen werden soll.[1]

Wir werden also auf die genannten Einreden die Vorschriften über die Einrede beschränkter Erbenhaftung analog anzuwenden haben. Alle diese Einreden können wir als „Einreden beschränkter Haftung", oder als „Haftungseinreden" zusammenfassen, womit ausgedrückt ist, daß sie sich nicht gegen den Anspruch in seiner Gesamtheit, sondern nur gegen die Haftung eines einzelnen für den Anspruch richten.

Es bleiben dann noch folgende dauernden Einreden übrig: §§ 478 Abs. 1, 490 Abs. 3, 633 Abs. 2 S. 2, 821, 853, 1166, 1621, 2083 und KO. § 41 Abs. 2, ferner § 986, in dem jedoch nur teils eine dauernde, teils eine vorübergehende Einrede enthalten ist.[2]

---

[1] Fischer-Henle, Handausgabe, 5. A. S. 359, nennt als Beispiel für die Anwendung des § 768 gerade die Einrede des § 519. Einen dem § 519 gleichzustellenden Fall enthält die auf Reichstagsbeschluß beruhende Vorschrift des § 529 Abs. 2; hier wird der Anspruch für ausgeschlossen erklärt, wir werden aber auch hier nur eine Einrede annehmen müssen.

[2] § 986 enthält zweifellos eine vorübergehende Einrede, soweit auf Zeit beschränkte Rechte zum Besitz (Miete, Leihe, Pfandrecht) in Frage kommen, dagegen sicher eine dauernde in der Funktion der *exceptio rei venditae et traditae*, d. h. als Einrede des Besitzers, der einen Anspruch auf Eigentumsübertragung hat, gegen den zur Eigentumsübertragung verpflichteten Eigentümer. Zweifelhaft kann man da sein, wo ein auf die Dauer berechnetes Recht zum Besitz (z. B. Erbbaurecht, Erbpacht) vorliegt. U. E. ist

Unter diesen Einreden hebt sich wieder eine Gruppe heraus, die der §§ 478, 490, 821, 853, 2083, KO. § 41. In diesen Fällen besteht überall für einen Anspruchsverpflichteten die Möglichkeit, einen gegen ihn gerichteten Anspruch zu Falle zu bringen; in den Fällen des § 2083, KO. § 41 steht dem Verpflichteten zum Zwecke der Aufhebung des gegen ihn gerichteten Anspruchs ein Anfechtungsrecht zu, in den übrigen Fällen dagegen ein sich auf die Aufhebung richtender Anspruch. Dieser Aufhebungsanspruch ist verjährbar, die Anfechtung an eine Frist gebunden. Die genannten Bestimmungen sagen, daß der Verpflichtete auch nach Eintritt der Verjährung, auch nach Ablauf der Frist eine dauernde Einrede gegen den Hauptanspruch habe. Es sind für diese Ausdehnung der Einrede über die Verjährung hinaus dieselben Gründe maßgebend, aus denen die Aufrechnung verjährter Forderungen teilweise zugelassen wird. Auch hier wird der Verpflichtete von seinem Anfechtungsrecht und seinem Aufhebungsanspruch in der Regel keinen Gebrauch machen, so lange der Hauptanspruch nicht geltend gemacht wird. Könnte der Anspruchsberechtigte zunächst die Verjährung oder den Fristablauf abwarten und dann wirksam seinen Anspruch geltend machen, so wäre einer Überlistung des Verpflichteten Tor und Tür geöffnet.

Aus der Fassung der genannten Bestimmungen, welche die Einrede überall „auch" nach Fristablauf gewähren, geht hervor, daß die Einrede auch schon vorher besteht; sie ist in dem Aufhebungsanspruch bezw. in dem Anfechtungsrecht enthalten. Dies ist, wenigstens für die Fälle des Aufhebungsanspruchs, nicht ganz ohne Bedeutung. Zunächst ist damit außer Zweifel gestellt, daß der Verpflichtete des Hauptanspruchs, dem der Aufhebungsanspruch zusteht, sich stets auf die Verteidigung beschränken

---

hier nur eine vorübergehende Einrede gegeben, da mit der Möglichkeit des Wegfalls immer gerechnet werden muß (sonst hätte das Bestehen des Eigentums keinen Sinn). Vor allem sprechen hierfür auch die praktischen Konsequenzen: Ist während der Dauer des Erbbaurechts eine Sicherstellung für Rückgabe nach dem Erlöschen des Erbbaurechts gegeben worden, so kann diese nicht zurückgefordert werden. Anders Siber, Pfandrecht des Vermieters, S. 58. Planck-Greiff, Kommentar, Bd. III S. 253 nennt die Einrede des § 986 allgemein vorübergehend; das ist unzutreffend.

kann; er ist nicht gezwungen, aktiv vorzugehen und durch Geltendmachung des Aufhebungsanspruchs den Hauptanspruch zum Erlöschen zu bringen. Fernerhin zeigt sich die Bedeutung dann, wenn der Hauptanspruch an einen Dritten abgetreten wird: Stände der Aufhebungsanspruch dem Hauptanspruch ganz selbständig gegenüber, ohne dessen Inhalt zu beeinflussen, so wäre hier der Aufhebungsberechtigte *(debitor cessus)* nicht in der Lage, sich gegenüber dem Zessionar (der die dem Aufhebungsanspruch entsprechende Aufhebungsverpflichtung nicht übernimmt) wirksam zu verteidigen. Da jedoch in dem Aufhebungsanspruch eine Einrede enthalten ist, so erwirbt der Zessionar lediglich einen einredebehafteten Anspruch und kann mit der Einrede zurückgeschlagen werden. Die Einrede ist zwar auch ein besonderes Recht, allein sie ist untrennbar mit dem Anspruch verbunden und teilt einen beim Anspruch stattfindenden Personenwechsel.[3]

Diese letzte Gruppe werden wir als „Aufhebungseinreden" der Verjährungseinrede und den Haftungseinreden entgegen zu stellen haben.

Die noch übrig bleibenden dauernden Einreden der §§ 663 Abs. 2, 986, 1166, 1621 stehen den Aufhebungseinreden in ihrer Wirkung gleich. Es dürfte jedoch hier sehr selten ein Fall vorkommen, in dem sich eine praktische Konsequenz daraus ergibt, daß der Anspruch nur mit dauernder Einrede behaftet, und nicht ganz ausgeschlossen ist. Sie können darum im folgenden außer acht bleiben.

## § 7.

## d) Weitere Anwendung der gefundenen Prinzipien.

Wir sind bisher immer stillschweigend davon ausgegangen, daß der Anspruch außer der Klagbarkeit nur die oben in § 5 behandelten weiteren Wirkungen habe. Das ist nicht der Fall. Zwar sind dies die wichtigsten Wirkungen, aber nicht die einzigen.

Nach dem Wortlaut des Gesetzes würden alle weiteren Wirkungen unberührt bleiben, d. h. der mit dauernder Einrede be-

[3] Vgl. unten S. 45.

haftete Anspruch wäre in allen übrigen Beziehungen als vollwirksam, ungeschwächt zu behandeln. Dies kann jedoch kaum der Sinn des Gesetzes sein. Das Gesetz ist hier kasuistisch. Es gibt nicht eine allgemeine Regel über die Wirkung der Einrede, sondern regelt ihren Einfluß auf den Anspruch in einigen, und zwar den wichtigsten Beziehungen. Daß bei solcher kasuistischer Regelung die weniger wichtigen Fälle leicht außer acht bleiben, ist begreiflich. Wendet man auf sie das im vorstehenden entwickelte Prinzip der gesetzlichen Vorschriften (oder genauer die drei Prinzipien für die Verjährungseinrede, die Haftungseinreden und die Aufhebungseinreden) an, so erhält man praktisch brauchbare Resultate. Wir wollen im folgenden einige Fälle herausgreifen, ohne den Anspruch auf Vollständigkeit zu erheben.

1. Zurückbehaltungsrecht. Das Zurückbehaltungsrecht gewährt dem Zurückbehaltenden eine Sicherheit für seinen Anspruch und gibt ihm gleichzeitig die Möglichkeit, zur Herbeiführung der Leistung des ihm Geschuldeten einen indirekten Zwang auszuüben. Das Zurückbehaltungsrecht hat mit der Aufrechnung gemeinsam, daß sich hier wie dort Anspruch und Gegenanspruch gegenüberstehen; nur kann das Zurückbehaltungsrecht wegen Ungleichartigkeit der Ansprüche nicht zur Befriedigung führen. Andererseits nähert sich das Zurückbehaltungsrecht da, wo der zurückbehaltene Anspruch sich auf die Herausgabe einer Sache richtet, einem Pfandrecht; insbesondere gilt dies vom kaufmännischen Zurückbehaltungsrecht.

Es muß daher die Frage, ob ein Zurückbehaltungsrecht wegen dauernd verweigerbarer Ansprüche zulässig ist, nach Analogie von Aufrechnung und Pfandrecht beantwortet werden. Danach ist die Zurückhaltung ausgeschlossen, wenn dem Anspruch eine Aufhebungseinrede entgegensteht. Dagegen ist sie bei einer Haftungseinrede zulässig; auch diese sachliche Sicherheit kann durch die Beschränkung der persönlichen Haftung nicht ausgeschlossen werden.[1] Die Verjährungseinrede endlich kann die Zurückbehaltung dann nicht ausschließen, wenn diese bereits zu einer Zeit ausgeübt werden konnte, zu der die Verjährung

---

[1] Vgl. dazu § 1971 verbunden mit KO. § 49 No. 3 u. 4.

noch nicht vollendet war;[2] dies ergibt sich aus der Analogie des § 390 S. 2 und kann besonders beim kaufmännischen Zurückbehaltungsrecht praktisch werden. Wir werden jedoch die für das Pfandrecht geltende Beschränkung des § 223 Abs. 3 (rückständige Zinsen) auch für das Zurückbehaltungsrecht anwenden müssen.

2. Selbsthilfe. Für einen mit dauernder Einrede behafteten Anspruch müssen Selbsthilfeakte, wie sie im § 229 zur Sicherung von Ansprüchen zugelassen werden, ausgeschlossen sein. Werden Selbsthilfehandlungen trotzdem vorgenommen, so macht sich der Gläubiger des Anspruchs schadensersatzpflichtig. Kommt in einem Prozeß die Rechtmäßigkeit der Selbsthilfehandlungen zur Entscheidung, so wird natürlich die Einrede geltend zu machen sein; beruft sich der Gläubiger zur Rechtfertigung der Selbsthilfe auf seinen Anspruch und macht der Schuldner demgegenüber die Einrede nicht geltend, so muß der Richter die Selbsthilfe für rechtmäßig erklären. Die verschiedenen Arten der dauernden Einreden sind hier gleich zu behandeln.

3. Fall der §§ 366, 396. Wird bei Bestehen einer Mehrheit gleichartiger Ansprüche zwischen denselben Personen von dem mehrfachen Schuldner etwas ohne Bestimmung der zu tilgenden Schuld geleistet, so regelt § 366 die Reihenfolge, in welcher die Ansprüche zur Tilgung kommen. Es entsteht die Frage, ob ein mit dauernder Einrede behafteter Anspruch hier einzureihen ist oder nicht.

Man könnte hier vielleicht zweifeln. Man könnte erwägen, daß der Zahlende doch hier in der Lage sei, seine Einrede zur Geltung zu bringen, indem er eben die nicht einredebehafteten Ansprüche als die zu tilgenden angibt, und man könnte darum geneigt sein, den Anspruch als vollgültigen mit zur Tilgung kommen zu lassen. Indessen wäre dies unbillig. Zwar wird im Prozeß der Anspruch, sofern der Einredeberechtigte schweigt, als gültig behandelt; allein die Situation ist doch eine ganz andere. Im Prozeß wird der einredebehaftete Anspruch geltend gemacht; der einredeberechtigte Schuldner wird also darauf hingewiesen;

[2] Regelsberger, Jherings Jahrbücher für Dogmatik, Bd. 41 S. 333.

er hat alle Veranlassung, die Einrede zu erheben. Hier dagegen fehlt diese Veranlassung. Der einredebehaftete Anspruch ist so bedeutungslos, daß er wirtschaftlich als weggefallen erscheint, der Schuldner wird sich regelmäßig nicht verpflichtet fühlen und darum zu einer Erklärung, die Leistung erfolge nicht auf die einredebehaftete Forderung, nicht die geringste Veranlassung haben. Wollte man übrigens den einredebehafteten Anspruch mitrechnen, so würde der Schuldner überall einen Rückforderungsanspruch aus § 813 haben, da in der bestimmungslosen Zahlung kein Verzicht auf die Einrede gefunden werden kann; also wäre das schließliche Resultat (bis auf die Verjährungseinrede, die in § 813 ausgenommen ist) genau dasselbe. Ein mit dauernder Einrede behafteter Anspruch bleibt also für die Anwendung des § 366 außer Betracht.

Dies muß u. E. von allen dauernden Einreden gelten, auch von der Verjährungseinrede.[3]

Analoge Anwendung findet § 366 im Falle des § 396, d. h. wenn eine Aufrechnung gegen mehrere Ansprüche ohne Bestimmung des Anspruchs erklärt oder der Bestimmung vom Gegner widersprochen wird. Hier muß freilich bezüglich der Verjährungseinrede eine besondere Behandlung Platz greifen. § 396 gewährt

[3] Für die Verjährungseinrede a. M. Breit, Sächsisches Archiv. Bd. X S. 129. Er stützt seine Ansicht darauf, daß die gegenteilige Entscheidung für den Gläubiger unbillig sei. Gerade bei der Verjährung muß man sich immer hüten, Billigkeitsgründe zu Gunsten des Gläubigers vorzuführen. Da, wo die Verjährung wirklich begründete Ansprüche abschneidet, erscheint sie stets unbillig. Dies ist nicht ihr Zweck; sie soll nur alte, wahrscheinlich unbegründete, aber wegen des Zeitablaufs nicht widerlegbare Ansprüche unwirksam machen. Dieser Zweck würde bei der Ansicht Breits nicht vollkommen erreicht werden. Es wäre denkbar, daß jemand, der eine Abschlagszahlung ohne Anrechnungsbestimmung erhält, nun eine alte längst erloschene Forderung gegen den Zahlenden, deren Entstehung er noch beweisen kann, deren Tilgung aber nicht mehr nachweisbar ist, hervorholt und erklärt, die Zahlung hierauf annehmen zu wollen. Das kann nicht gestattet sein. Die verjährte Schuld wird nur da mitzurechnen sein, wo eine Äusserung des Schuldners darauf hindeutet, daß er sie mit tilgen will. Zahlt er z. B. „auf Abschlag seiner Schulden aus den Jahren 1898—1901" und es ist aus dem Jahre 1898 nur eine verjährte Forderung vorhanden, so wird diese mitzuzählen sein.

dem Aufrechnungsgegner ein Widerspruchsrecht gerade deshalb, weil ihm die Aufrechnung einer verjährten, aber noch nach § 390 S. 2 aufrechenbaren Forderung nicht abgeschnitten werden soll. Soweit die Aufrechnung nach § 390 S. 2 gegen den Willen dessen, dem die Verjährungseinrede zusteht, möglich ist, muß sie sich auch im Falle des § 396 ohne seinen Willen vollziehen können.[4] Weiter als im Umfange des § 390 S. 2 ist jedoch auch hier die Verjährungseinrede nicht auszunehmen.

4. Fall des § 770 Abs. 2 (§§ 1137, 1211), HGB. § 129 Abs. 3. Wir sahen oben, daß derjenige, dem eine Einrede zusteht, trotzdem seine verweigerbare Schuld noch durch Aufrechnung abtragen kann. § 770 Abs. 2 gibt dem Bürgen eine (später näher zu betrachtende) vorübergehende Einrede dann, wenn der Gläubiger sich durch Aufrechnung befriedigen kann. Dem Wortlaute nach würde also die Einrede des § 770 Abs. 2 auch dann einschlagen, wenn der Hauptschulder gegen den Gläubiger einen Gegenanspruch hat, diesem aber eine dauernde Einrede zur Seite steht. In diesen Fällen ist § 770 Abs. 2 nicht anwendbar; der Gläubiger kann nicht gezwungen werden, sich mit dem Erlaß einer einredebehafteten, also ganz wertlosen Forderung für seinen vollgiltigen Anspruch befriedigt zu erklären. Eine Ausnahme ist wieder für den Fall des § 390 Abs. 2 zu machen: soweit der Hauptschuldner noch trotz der Verjährungseinrede wirksam aufrechnen kann, ist es nicht unbillig, den Gläubiger im Wege des § 770 Abs. 2 hierzu indirekt zu zwingen.[5]

5. KO. § 30 Abs. 2. Der Konkursverwalter hat das Recht, Leistungen des Gemeinschuldners, die kurz vor der Konkurseröffnung erfolgt sind, anzufechten, wenn der Empfänger sie „nicht, oder nicht zu der Zeit oder nicht in der Art zu beanspruchen hatte." Wenn der Empfänger nur einen dauernd verweigerbaren Anspruch auf das Geleistete hatte, werden wir die Anfechtung ebenfalls zulassen müssen; der Konkursverwalter macht hier die

---

[4] Die verjährte Schuld ist, soweit sie mit zur Tilgung kommen kann, nicht um der Verjährung willen als weniger sicher oder weniger lästig anzusehen, sondern so einzureihen, als ob sie nicht verjährt wäre. Vgl. Planck, Kommentar, Bd. II, 1. u. 2. A. S. 178.

[5] Ebenso Breit a. a. O. S. 131f.

Einrede durch die Anfechtung und Rückforderung des Geleisteten geltend. Die Verjährungseinrede wird nach Analogie des § 813 auch hier auszunehmen sein; dies erscheint darum angemessen, weil bei Bezahlung einer verjährten Schuld nicht wie bei Bezahlung einer Nichtschuld eine Begünstigung des Gläubigers zu vermuten ist.[6]

§ 8.

## Die vorübergehenden (aufschiebenden) Einreden.

Wie die dauernde Einrede die Wirksamkeit des Anspruchs dauernd der Willkür des Verpflichteten unterwirft, tut dies die vorübergehende nur eine Zeit lang. Macht der dauernd Verweigerungsberechtigte von einer Einrede Gebrauch, so ist der Anspruch praktisch so gut wie nicht mehr vorhanden; entsprechend kann die Geltendmachung der vorübergehenden Einrede den Anspruch nur zu einem noch nicht wirkenden, also nichtfälligen im weitesten Sinne (wozu wir befristete und bedingte rechnen) abschwächen.

So zeigt sich auch in den positiven Gesetzesbestimmungen über die vorübergehende Einrede eine gewisse Übereinstimmung mit Befristung und aufschiebender Bedingung. Die vorübergehende Einrede hemmt den Lauf der Verjährung; ebenso läuft diese nicht, bevor der Anfangstermin oder die aufschiebende Bedingung eingetreten ist. Eine Reihe wichtiger vorübergehender Einreden wird hiervon ausgenommen, und zwar hauptsächlich diejenigen, welche zu beseitigen der Gläubiger selbst in der Lage ist. Das entspricht der Vorschrift des § 199: Ist der Gläubiger selbst in der Lage, die Fälligkeit herbeizuführen, so läuft auch die Verjährung. (Daß auch die Einreden der §§ 770, 2014, 2015 die Verjährung nicht hemmen, beruht auf anderen Gründen.[1])

---

[6] A. M.: Wilmowski, Deutsche Reichs-Konkursordnung. 5. A., Berlin 1896, S. 130; wie hier Grützmann, das Anfechtungsrecht der benachteiligten Konkursgläubiger, Leipzig 1882, S. 183 ff.

[1] Bei den §§ 2014, 2015 ist ein besonderes prozessuales Verfahren durch die CPO. §§ 305, 782 eingeführt; sie schließen die Verurteilung nicht aus und sind in der Vollstreckungsinstanz geltend zu machen; da sie aber den Gläubiger an der Klagerhebung nicht hindern, kann auch die Verjährung

Die Aufrechnung wird durch eine vorübergehende Einrede ausgeschlossen, ebenso wie sie bei der nichtfälligen Forderung nicht möglich ist. Bürgschaft, Pfand und Hypothek sind nicht nur zur Sicherung künftiger und bedingter Ansprüche zulässig, sondern auch zur Sicherung einredebehafteter Ansprüche; ebenso wie aber die Befristung und Bedingung vorläufig die Inanspruchnahme der Sicherheit ausschließt, ebenso ergreift auch die Einrede die Sicherheit (§§ 765 Abs. 2, 768, 1113 Abs. 2, 1137, 1204 Abs. 2, 1211).

Im einzelnen haben die Einreden bald mehr mit der Befristung, bald mehr mit der aufschiebenden Bedingung gemein. Bei der vorübergehenden Einrede des § 986 ist (entsprechend einer Befristung) stets gewiß, daß ihre Zeit ablaufen wird (wenn auch ungewiß sein kann, wann dies geschieht). Bei den übrigen Einreden dagegen ist (analog der Bedingung) überhaupt ungewiß, ob die Einrede je wegfallen und der Anspruch vollwirksam werden wird; die Beendigung der Einrede hängt hier an einem künftigen ungewissen Ereignis. Dies ist unzweifelhaft bei den Einreden des nicht erfüllten Vertrages (§§ 320, 321), des Zurückbehaltungsrechtes (§§ 273, 1000, 1100, HGB. §§ 369, 370), der mangelnden Sicherheitsleistung (§§ 278, 811, Abs. 2 S. 2, 867 S. 3, CPO. § 838), der fehlenden Schenkungsmasse (§ 526), der Vorausklage (§ 771), der Aufrechnungsbefugnis des Bürgschafts-, Pfand- und Hypothekengläubigers (§§ 770 Abs. 2, 1137, 1211, HGB. § 129 Abs. 3). Zweifelhaft könnte es sein, ob die Einreden der Anfechtungsmöglichkeit des Hauptschuldners bei Bürgschaft, Pfand und Hypothek (§§ 770 Abs. 1, 1137, 1211, HGB.; § 129 Abs. 2), sowie die aufschiebenden Einreden des Erben (§§ 2014, 2015,

---

weiter laufen. Dasselbe wird man übrigens im Falle des § 2059 anzunehmen haben; darum ist der § 202 Abs. 2 auf diese Einrede auszudehnen. Analoge Anwendung möchten wir ferner eintreten lassen in Bezug auf die Einreden des § 660 Abs. 2 S. 2, wo jeder Auslobungsprätendent den Streit zur Entscheidung bringen, auch Hinterlegung der Belohnung verlangen kann, also hinreichend geschützt ist, und des § 526, wo der Schenker es in der Hand hat, den Mangel zu ersetzen. Es bleibt mithin für die Anwendung der im § 202 Abs. 1 ausgesprochenen Regel nur die Einrede des § 986 übrig. Über die Einrede des § 379 siehe unten S. 44.

2059) und die Einrede der Mehrheit von Auslobungsprätendenten (§ 660 Abs. 2) hierher gehören; das ist bei genauer Betrachtung zu bejahen.[2]

Man kann die Einrede des § 986 als „bestimmt vorübergehende", die übrigen als „unbestimmt vorübergehende" bezeichnen.

Der mit Einrede behaftete Anspruch wirkt ähnlich wie der befristete und bedingte Anspruch, ehe die Frist abgelaufen und die aufschiebende Bedingung eingetreten ist. Wir werden dies im einzelnen verfolgen, doch zuvor einige Bemerkungen über die befristeten und bedingten Ansprüche selbst.

Befristung und aufschiebende Bedingung können einem Rechtsgeschäft beigefügt werden; dessen Wirkung tritt dann mit einem späteren Termin oder Ereignis ein. Es gibt also genau genommen nur befristete und bedingte Rechtsgeschäfte, nicht solche Ansprüche. Ungenau werden aber (und zwar im Gesetz selbst, z. B. §§ 765 Abs. 2, 883 Abs. 1 S. 2, 1113 Abs. 2, 1204 Abs. 2) die Ansprüche als befristet (oder künftig) und bedingt bezeichnet, wenn das Anspruch begründende Rechtsgeschäft befristet oder bedingt ist. Hier ist an sich ein Anspruch noch nicht vorhanden, aber es besteht die bestimmte oder unbestimmte Aussicht, daß ein Anspruch entstehen wird. Diese rechtliche Situation hat bereits bestimmte Wirkungen.

Theoretisch wird im BGB. vom befristeten Anspruch scharf geschieden der gestundete. Gestundet ist in der Sprache des

---

[2] Im Falle des § 770 Abs. 1 besteht für die Anfechtung eine bestimmte Frist; man könnte meinen, daß damit auch die Einrede zeitlich begrenzt ist. Indes ist zu beachten, daß ja von der Anfechtung Gebrauch gemacht werden kann; dann fällt die Einrede nicht weg, sondern der ganze Anspruch geht unter. Im § 2014 ist eine feste Frist von 3 Monaten bestimmt; da die Einrede jedoch nur vorbereitend ist, dem Erben die Möglichkeit geben soll, zu übersehen, ob er genug Aktivmasse zur Befriedigung der Nachlaßschulden hat, und da sich nach Ablauf der vorbereitenden Frist herausstellen kann, daß die Aktivmasse nicht ausreicht, so bleibt auch hier zweifelhaft, ob der Anspruch gegen den Erben je wieder vollen Umfang erlangen wird. Im Falle des § 660 endlich ist jedem Prätendenten gegenüber ungewiß, ob sein Anspruch durchdringen wird, wenn es auch nicht zweifelhaft ist, daß der Auslobende überhaupt leisten muß.

Gesetzes ein bereits bestehender Anspruch, der aber noch nicht geltend gemacht werden kann; die Unterscheidung wird z. B. gemacht im § 198 (in Verbindung mit § 163) einerseits und § 202 andererseits. Praktisch dürfte eine verschiedene Behandlung des gestundeten und des befristeten Anspruchs niemals vorkommen.[3]

Die Stundung selbst wird häufig für eine vorübergehende Einrede erklärt.[4] Hierfür scheint das Gesetz selbst im § 202 zu sprechen, wenn es in § 202 die Stundung „anderen“ Gründen, welche zur vorübergehenden Verweigerung der Leistung berechtigen, an die Seite stellt. Diese Auffassung können wir nicht teilen; unbedingt zwingt auch § 202 nicht dazu: Ist nämlich, wie wir annehmen, die Geltendmachung des Anspruchs während der Stundung (objektiv) ausgeschlossen, nicht nur die Leistung (subjektiv) verweigerbar, so ist dies zweifellos eine stärkere Wirkung, und es kann zum mindesten gesagt werden, die Stundung sei ein Grund zur Verweigerung.[5]

Wäre die Stundung eine Einrede, so würden daraus zwei praktische Konsequenzen folgen: Einmal das Erfordernis ausdrücklicher Geltendmachung, andererseits die formlose Verzichtbarkeit. Die Geltendmachung im Prozeß ausdrücklich zu fordern, widerspricht durchaus der modernen Rechtsanschauung. Wenn jemand einen nach seinen eignen Ausführungen gestundeten Anspruch einklagt, so muß es dem Beklagten möglich sein, die

[3] In den §§ 198, 202 wirken die Befristung und Stundung theoretisch verschieden auf den Lauf der Verjährung ein; praktisch ist das Ergebnis für beide dasselbe. Auch bei der Stundung wird der Lauf stets erst nach deren Ablauf neu beginnen; denn da die Stundung nur durch Vertrag gewährt werden kann (§ 305; A. M.: Rehbein, Kommentar zum BGB., Berlin 1899, S. 307), so ist es kaum denkbar, daß mit der Gewährung kein Anerkenntnis verbunden wäre. Also besagen die §§ 198, 202 zusammen soviel, wie der gemeinrechtliche Satz, daß die Verjährung mit der Fälligkeit beginne; so auch noch in Nebengesetzen (HGB. §§ 159 Abs. 3, 903 No. 1 u. 4, 904 Abs. 2).

[4] Planck, Kommentar, Bd. I, 2. A. S. 253; Hellmann, Vorträge S. 204.

[5] Kipp-Windscheid, Pandekten, 8. A. Bd. I S. 183 schließt aus der Fassung des § 202, daß das Gesetz nicht überall, wo es von verweigern spricht, eine Einrede statuiere.

Kosten einer Einlassung zu ersparen. Wird z. B. ein Darlehen eingeklagt und dabei nicht erwähnt, daß die Kündigungsfrist ausgeschlossen oder die Kündigung rechtzeitig erfolgt sei, so ist diese Klage unschlüssig und kann nicht zu einen Versäumnisurteil führen. Wir glauben dabei auch keinen Unterschied machen zu können, ob (nach den eignen Ausführungen des Klägers) die Stundung sogleich bei Begründung des Anspruchs oder in einem späteren Abkommen gewährt worden ist, ob sie bei einem auf Formalgeschäft beruhenden Anspruch (z. B. Wechselanspruch) bereits in dem Formalakt oder in einem formlosen, insbesondere nachfolgenden Nebenvertrag ihren Grund hat. (Es klagt jemand z. B. aus einem Wechsel oder abstrakten Schuldversprechen, erklärt selbst, daß er nachträglich Stundung gewährt habe, jedoch diese Vergünstigung widerrufe, begründet aber den Widerruf nicht oder nur unzureichend).

Formlos verzichtbar ist die Stundung in der Regel auch nicht. Insbesondere gilt dies dann, wenn in einem Formalgeschäft ein gestundeter Anspruch begründet wird; hier kann nicht in formlosem Vertrag auf die Stundung verzichtet werden; soll der Anspruch in einen sofort fälligen umgewandelt werden, so muß das Formalgeschäft wiederholt werden. Anders ist es allerdings dann, wenn ein auf Formalgeschäft beruhender Anspruch nach seiner Fälligkeit formlos gestundet wird; hier kann die Stundung auch durch formlosen Vertrag, ohne Wiederholung des Formalgeschäftes beseitigt werden.

Dem gestundeten Anspruch kann also unseres Erachtens nur in einigen Fällen die eine den Einreden eigentümliche Eigenschaft, die Verzichtbarkeit, beigelegt werden. Als Einrede kann sie jedoch auch in diesen Fällen darum nicht bezeichnet werden, weil das Hauptcharakteristikum, die Notwendigkeit ausdrücklicher Geltendmachung, fehlt.

Dabei macht es auch keinen Unterschied, ob die Stundung nur zu Gunsten des Schuldners wirkt, er also zur Erfüllung vor der Fälligkeit berechtigt ist (§ 271 Abs. 2), oder ob die Stundung auch den Gläubiger berechtigt, die Leistung abzulehnen.

Betrachten wir nun, welche Wirkungen der gestundete Anspruch während der Stundung, der befristete vor dem Termin, der bedingte vor Eintritt der Bedingung und der mit vorübergehenden Einreden behaftete Anspruch während des Bestehens der Einrede hat, so dürften folgende Einzelfälle wichtig sein, ohne daß wir einen Anspruch auf Vollständigkeit erheben:

1. In der Regel kann vor dem gedachten Zeitpunkt nicht auf Leistung geklagt werden. Wird ein betagter Anspruch (mit diesem Ausdruck seien die befristeten und gestundeten Ansprüche zusammengefaßt) oder ein bedingter eingeklagt, so ist die Klage abzuweisen, wird eine vorübergehend verweigerbare Leistung in der Klage gefordert, so hat ebenfalls Abweisung, jedoch nur auf Geltendmachung der Einrede hin zu erfolgen. Nur in den Fällen der §§ 2014, 2015, 2059 ergeht kein abweisendes Urteil, diese Einreden werden vielmehr in der Vollstreckungsinstanz geltend gemacht. Daß beim Zurückbehaltungsrecht und der Einrede des nicht erfüllten Vertrages an Stelle der Abweisung die Verurteilung zur Leistung Zug um Zug tritt, sahen wir bereits oben.

2. Für die betagten Ansprüche ist in den Fällen der CPO. §§ 257—259 ausnahmweise schon vor der Fälligkeit Klage auf künftige Leistung zugelassen[6], nicht dagegen bei bedingten. § 257 gewährt die gleiche Befugnis bei dem Anspruch auf künftige Räumung eines Grundstücks oder Raumes, also in einem Fall, wo regelmäßig die (bestimmt vorübergehende) Einrede aus § 986 besteht. § 259 wird auf diese Einrede analog anzuwenden sein. Dagegen schließt eine unbestimmt vorübergehende Einrede gleich einer Bedingung die Klage auf künftige Leistung aus. Nur beim Zurückbehaltungsrecht und der Einrede des nicht erfüllten Vertrages kann auf Leistung gegen Gegenleistung geklagt werden. Diese Bestimmung ist auf andere Einreden nicht analog anzuwenden, insbesondere nicht auf die Einrede mangelnder Sicherheitsleistung.

3. Arrest ist bei betagten und bedingten Ansprüchen zulässig. (CPO. § 916 Abs. 2). Dasselbe muß bei vorübergehender Einrede gelten; jedoch ist bei der unbestimmt vorübergehenden

[6] Rehbein, Kommentar, Berlin 1901, Bd. I S. 242 will die Klage auf künftige Leistung nur bei hinausgeschobener Fälligkeit (Stundung), nicht bei Befristung zulassen.

Einrede die für die Bedingung gegebene Beschränkung analog anzuwenden, wonach eine nur entfernte Möglichkeit des Eintritts der Bedingung den Arrest ausschließt. Das kann z. B. bei der Einrede aus § 770 Abs. 1 zutreffen, wenn sicher zu erwarten steht, daß der Hauptschuldner anfechten wird.

4. Im Konkurs wird die Betagung gestrichen und nur ein Zwischenzins abgezogen (KO. § 65). Analoge Anwendung auf die bestimmt vorübergehende Einrede kann praktisch darum nicht vorkommen, weil es sich im § 986 immer um Aussonderungsansprüche handelt. Der bedingte Anspruch wird sicher gestellt (KO. § 67); das ist auf die unbestimmt vorübergehenden Einreden anzuwenden. (Beispiel: Ein Bürge fällt in Konkurs, die Ansprüche, denen die Einrede aus dem § 770 Abs. 1 und 2 entgegensteht, sind sicherzustellen.) Für die Einrede des nicht erfüllten Vertrages und des Zurückbehaltungsrechtes gelten besondere Vorschriften (KO. §§ 17 ff., 49 Nr. 2 und 3).

5. Bei Erfüllung einer betagten Schuld vor der Fälligkeit ist der Bereicherungsanspruch ausgeschlossen (§ 813 Abs. 2)[38], bei Erfüllung einer bedingten Schuld findet er statt. Daraus ergibt sich zweifellos, daß er auch bei bestimmt vorübergehender Einrede nicht gegeben ist. Indessen wird da, wo ein vorübergehender Besitzberechtigter (z. B. Mieter) die Sache vorzeitig zurückgegeben hat, hierin kein Verzicht auf das Recht zum Besitz liegen; er kann auf Grund desselben von neuem Einräumung des Besitzes verlangen; das ist aber keine Bereicherungsklage, sondern eine Klage aus dem einzelnen Recht zum Besitz (z. B. dem Mietrecht). Man könnte geneigt sein, die unbestimmt vorübergehenden Einreden auch hier der Bedingung analog zu behandeln; das ist jedoch nicht zulässig, da sich § 813 Abs. 1 ausdrücklich auf die dauernden Einreden beschränkt. Es liegt auch in der Regel kein Bedürfnis dafür vor; beim gegenseitigen Vertrag und dem Zurückbehaltungsrecht hat derjenige, der trotz der Einrede vorzeitig geleistet hat, den Gegenanspruch, bei der Einrede mangelnder

---

[7] REHBEIN, Kommentar, Bd. I S. 242 unterscheidet auch hier Befristung und Nichtfälligkeit (Stundung).

Sicherheitsleistung den Kostenersatzanspruch, bei der Einrede des § 526 den Ersatzanspruch an den Schenker (§ 526 S. 2); im Falle des § 770 Abs. 1 ist die Bereicherungsklage natürlich gegeben, wenn die Anfechtung erfolgt, also der rechtliche Grund wegfällt;[8] ebenso im Falle des § 2014, wenn sich nachträglich herausstellt, daß der Erbe über die Kräfte des Nachlasses hinaus geleistet hat.

6. Im Sinne der KO. § 30 No. 2 ist eine Leistung, die zur Erfüllung eines betagten oder bedingten Anspruchs erfolgt, eine solche, die der Empfänger „nicht oder nicht zu der Zeit oder nicht in der Art" zu beanspruchen hatte; dasselbe ist anzunehmen, wenn dem Anspruch eine vorübergehende Einrede entgegenstand.

7. Beim betagten und befristeten Anspruch können Nebenansprüche auf Verzugszinsen und Konventionalstrafe nicht entstehen. Die vorübergehende Einrede schließt deren Entstehung an sich nicht aus, nur steht den Nebenansprüchen ebenfalls die Einrede entgegen; sie wird insoweit zu einer dauernden Einrede.[9]

8. Das Zurückbehaltungsrecht ist für bedingte Ansprüche niemals, für betagte Ansprüche nur ausnahmsweise (HGB. § 370) gewährt. Hier werden wir wieder die bestimmt vorübergehende Einrede einer Betagung, die unbestimmt vorübergehenden einer Bedingung gleichstellen müssen.

9. Im Falle der §§ 366, 396 werden betagte Ansprüche mitgezählt, jedoch an letzter Stelle. Dasselbe hat von den einredebehafteten Ansprüchen zu gelten (gleichgültig ob die Einrede bestimmt oder unbestimmt vorübergehend ist).

Reflexwirkungen auf dritte Personen, wie wir sie bei dauernden Einreden feststellen, werden bei den vorübergehenden Einreden nicht vorkommen.

Unter den vorübergehenden Einreden gibt es (wie unter den dauernden) einige, welche nur die Haftung des Hauptschuldners

---

[8] Zahlt der Bürge trotz der ihm aus § 770 Abs. 2 zustehenden Einrede, so hört mit der Tilgung des Anspruchs die Aufrechnungsmöglichkeit auf; unrichtig Achilles, BGB., 2. A. Berlin 1899, S. 259 f.

[9] Selbstverständlich ist es, daß auch eine dauernde Einrede sich auf die Nebenansprüche erstreckt.

berühren, also höchst persönlich sind. Hierher ist außer den Einreden der Erben in den §§ 2014, 2015, 2059 auch die Einrede aus § 526 zu zählen. Diese Einreden stehen dem Bürgen, Verpfänder, Eigentümer des hypothekenbelasteten Grundstücks nicht zu; ebensowenig berühren sie eine sonstige Sicherheit (z. B. ein Zurückbehaltungsrecht). Hat sich jemand für die Vollziehung einer Auflage verbürgt, und wird er (z. B. von der Behörde) zur Leistung veranlaßt, obwohl dem Beschenkten die Einrede aus § 526 zustand, so ist dem Bürgen als Regreß der Ergänzungsanspruch an den Schenker aus § 526 Abs. 2 einzuräumen.

Die einzelnen vorübergehenden Einreden wurden bereits oben aufgezählt (S. 30 f.). Es ist noch zu erwähnen, daß mehrfach mehrere Einreden zu einer einzigen kombiniert werden. In den §§ 273, 321 kann der Verpflichtete verweigern bis zur Sicherheitsleistung oder einem anderen Ereignis. Hier ist eine einzige Einrede gegeben, die besonders schwach ist, weil sie wahlweise durch ein oder das andere Ereignis beendet wird. Irreführend ist es, hier von einer Konkurrenz mehrerer Einreden zu sprechen;[10] als Konkurrenz wird man es bezeichnen, wenn mehrere Einreden demselben Anspruch entgegentreten, was selbstverständlich auch möglich ist. Hierhin ist auch der Fall des § 2217 Abs. 2 zu zählen: Der Testamentsvollstrecker ist den Erben gegenüber berechtigt, die Nachlaßgegenstände, deren er zur Erfüllung seiner Obliegenheiten bedarf, in Besitz zu nehmen (§§ 2205, 2217 Abs. 1), hat also gegen den Eigentumsanspruch der Erben die Einrede aus § 986. Für den besonderen Fall des § 2217 Abs. 2 wird die Einrede aus § 986 abgeschwächt, so daß sie jetzt entweder mit Aufhören des Bedürfnisses für die Testamentsvollstreckung oder mit der Sicherheitsleistung endet.

## § 9.

## Die Geltendmachung der Einrede im Prozeß.

I. Form. Die zur Wirksamkeit der Einrede erforderliche Geltendmachung ist Kundgebung des Willens, den Anspruch um

[10] Friedenthal, Einwendung und Einrede, S. 39.

der Einrede willen nicht wirken zu lassen. Da das Gesetz eine Form nicht vorschreibt, werden wir jede Möglichkeit der Kundgebung dieses Willens genügen lassen müssen.

In der Regel wird der Wille durch eine Erklärung im Prozeß, durch welche auf die Einrede oder die einredebegründenden Tatsachen Bezug genommen wird, zum Ausdruck kommen. Der Klagabweisungsantrag an sich genügt nicht, da ihm diese Bezugnahme fehlt. Ausnahmsweise kann auch eine vor dem Prozeß abgegebene Erklärung des Beklagten genügen, wenn der Kläger dem Richter selbst von ihr Kenntnis gibt. Es ist z. B. möglich, daß der Kläger bei einer Klage aus gegenseitigem Vertrag die Entstehung des Vertrags in der Klage genau angibt, daraus folgert, er habe einen Anspruch auf Vorleistung, und weiter erklärt, der Beklagte lehne Vorleistung ab und wolle nur Zug um Zug leisten. Erachtet hier der Richter die Ansicht des Klägers, er könne Vorleistung verlangen, auf Grund des angegebenen Vertrags für unzutreffend, so hat er auch im Versäumnisfall nur eine Verurteilung zur Leistung gegen Gegenleistung anzusprechen. Es ist also in einem solchen Falle dem Beklagten die Möglichkeit gegeben, die Kosten der Einlassung zu ersparen und die Rechtsfrage durch Versäumnisurteil entscheiden zu lassen.

II. Wirkung. Die Wirkung der Geltendmachung im Prozeß ist die Abweisung der Klage, in besonderen Fällen Verurteilung zur Leistung Zug um Zug oder Verurteilung unter dem Vorbehalt beschränkter Erbenhaftung.

Es wird neuerdings behauptet, die Geltendmachung habe eine materielle Rechtsänderung zur Folge, insbesondere bewirke die Geltendmachung einer dauernden Einrede das Erlöschen des Anspruchs.[1] Diese Ansicht steht u. E. nicht auf dem Boden des Gesetzes. Wäre vom Gesetz als Wirkung der Einrede eine Rechtsänderung gedacht, so hätte das Gesetz dies aussprechen müssen, wie sie auch für die Anfechtung ausdrücklich statuiert ist (§ 142 Abs. 1). Die gesamte Ausdrucksweise des Gesetzes läßt vielmehr darauf schließen, daß die Einrede als etwas Dauern-

[1] So Hölder, Kommentar, Bd. I S. 405 f. und Hellwig, Anspruch und Klagrecht S. 8 ff. Beide lassen als Geltendmachung jede außergerichtliche Erklärung des Schuldners an den Gläubiger genügen.

des gedacht ist. Außerdem kann unter keinen Umständen bei allen dauernden Einreden ein vollständiges Erlöschen angenommen werden, insbesondere nicht bei der Verjährungseinrede und den Haftungseinreden. Hier würden nur einzelne Wirkungen des Anspruchs wegfallen können. Das Erlöschen würde je nach dem Inhalt der Einrede einen ganz verschiedenen Umfang haben. Darum trägt u. E. die Annahme einer Rechtsänderung nicht zur Vereinfachung der rechtlichen Konstruktion bei.

Ein Erlöschen kann auch nicht daraus geschlossen werden, daß das Urteil auf Klagabweisung lautet.[2] Die Tragweite der Entscheidung auf Klagabweisung läßt sich immer nur aus der Begründung ersehen; die Entscheidung selbst ist ganz gleichlautend, mag sie darauf beruhen, daß der Anspruch nie bestanden hat, daß er wieder erloschen ist, daß der Termin oder die Bedingung noch nicht eingetreten, die Fälligkeit noch hinausgeschoben ist, daß eine vorübergehende oder eine dauernde Einrede entgegensteht und geltend gemacht worden ist.

Die wesentliche praktische Konsequenz der gegnerischen Ansicht ist die, daß nach der Geltendmachung ein Verzicht auf die Einrede ausgeschlossen ist.[3] Es wäre danach ausgeschlossen, daß ein Beklagter, der die Einrede der Verjährung in der Verhandlung (oder, da außergerichtliche Erklärung genügt, nur im Schriftsatz) vorgeschützt hat, sie durch einfache Erklärung zurückzieht, nachdem er vom Gericht darauf aufmerksam gemacht worden ist, daß sich darin eine unvornehme Gesinnung äußert. Das ist keinesfalls der Wille des Gesetzes.

Das ewige Fortbestehen des Anspruchs, welches wir annehmen, hat nicht die Folge, daß der Schuldner bei wiederholter Einklagung die Einrede stets von neuem vorbringen und beweisen müßte. Ist dem Richter bekannt, daß der Schuldner sich in einem früheren Prozeß auf die Einrede berufen hat, so genügt dies zur Berücksichtigung der Einrede auch in dem folgenden Prozeß.[4] Dies gilt für die dauernde Einrede ebenso, wie für die

---

[2] So Hellwig, Anspruch und Klagrecht S. 12.

[3] Hölder, Kommentar. Bd. I S. 449.

[4] Damit dürften sich die Bedenken, die Friedenthal, Einwendung und Einrede S. 69 gegen den ewig fortbestehenden Anspruch hat, praktisch er-

vorübergehende. Ist also eine Klage wegen vorübergehender Einrede abgewiesen und will der Gläubiger nach Ablauf der Einrede von neuem klagen, so muß er das Erlöschen der Einrede (bezw. die Erlöschungstatsachen) behaupten, um nicht wegen der Einrede (auch im Versäumnisfall) abgewiesen zu werden.[5]

Es bleibt zu erörtern, inwieweit der einredebehaftete Anspruch Gegenstand einer Feststellungsklage sein kann. Daß eine vorübergehende Einrede die Feststellung des Anspruchs nicht ausschließt, ist selbstverständlich. Ebenso ist sicher, daß ein mit dauernder Einrede behafteter Anspruch als bestehend dann festgestellt wird, wenn der beklagte Schuldner seine Einrede nicht vorschützt. Aber auch durch die Geltendmachung der Einrede wird die Feststellung begrifflich nicht ausgeschlossen, da der Anspruch ja fortbesteht.[6] In der Regel muß allerdings hier das Feststellungsinteresse verneint werden; nur bei den beschränkt wirkenden dauernden Einreden (Verjährungs- und Haftungseinrede) kann ein Interesse noch vorhanden sein.[7] Hier kann also der Anspruch positiv festgestellt werden, doch kann der beklagte Schuldner die Einrede widerklagend feststellen lassen und wird dies vorsichtiger Weise tun müssen. Der einredeberechtigte Schuldner kann seinerseits nicht das Nichtbestehen des Anspruches, sondern nur das Bestehen der Einrede feststellen lassen (z. B. Feststellung, daß der Anspruch verjährt ist, daß der Erbe beschränkt haftet).

---

ledigen. Die Erörterung im Text hat nur für den praktische Bedeutung, der mit uns der Meinung ist, die Rechtskraft sei von Amtswegen zu berücksichtigen.

[5] Vgl. dagegen Friedenthal, Einwendung und Einrede, S. 68. Eine Änderung der Beweislast tritt natürlich nicht ein.

[6] Ebenso Friedenthal, Einwendung und Einrede, S. 63. Anders natürlich diejenigen, die als Wirkung der Geltendmachung eine Rechtsänderung annehmen. Vgl. Hellwig, Anspruch und Klagrecht, S. 11.

[7] Cosack, Lehrbuch des bürgerlichen Rechts, 3. A. Bd. I S. 264 verneint das Interesse gerade bei der Verjährung.

## § 10.

## Verwandte Fälle.

Wir wenden uns zur Betrachtung einiger dem Verweigerungsrecht verwandten Fällen:

I. Die Aufrechnung war im gemeinen Recht immer eins der wichtigsten Beispiele für die Einrede im materiellen Sinne. Heute ist sie nicht mehr Einrede im Sinne des BGB.[1] Sie ist ein privates Rechtsgeschäft und kann als solches außerhalb des Prozesses und innerhalb desselben vorgenommen werden. Sie bewirkt eine Rechtsänderung. Hierin liegt das Hauptunterscheidungsmerkmal von der Einrede. Die Einrede ist gleich dem Anspruch etwas Andauerndes; die Geltendmachung der Einrede vernichtet den Anspruch nicht, sondern führt nur zur Klagabweisung. Bei der Aufrechnung opfert der Aufrechnende sein eignes Recht auf, um das Recht des Gegners zu Fall zu bringen; die Geltendmachung der Einrede erfordert kein derartiges Opfer. Aus diesem Grund kann die Aufrechnung auch nicht als etwas Stärkeres bezeichnet werden. Es ist unzulässig, die Vorschriften, welche das Gesetz über die dauernden Einreden aufstellt, auf die Aufrechnungsmöglichkeit anzuwenden: insbesondere gilt dies von der Vorschrift des § 813.[2]

II. Die Anfechtbarkeit von Rechtsgeschäften ist ebenfalls keine Einrede. Zwar besteht zwischen beiden eine gewisse Verwandtschaft, insbesondere darin, daß sowohl das Anfechtungsrecht wie das Verweigerungsrecht dem Berechtigten die Möglichkeit gewähren, lästige Rechtswirkungen von sich abzuwenden, ohne seinerseits ein Opfer zu bringen. Der Unterschied besteht darin:

---

[1] Teilweise anders Wach, Zeitschrift für Deutschen Civilprozeß, Bd. XXVII. S. 8. Die von Wach behandelte Frage, ob die Aufrechnung durch die Prozeßvollmacht gedeckt wird, ist u. E. unabhängig davon, ob die Aufrechnung eine Einrede im Sinne des BGB. sein kann.

[2] So Planck, Kommentar, Bd. II, 1. u. 2. A. S. 172; Siber, Compensation und Aufrechnung, S. 133; a. M. Kohler, Zeitschrift für deutschen Civilprozeß, Bd. XX S. 19.

Die Anfechtung richtet sich gegen Rechtsgeschäfte,[3] die Einrede gegen Ansprüche; die Anfechtung führt eine Rechtsveränderung herbei, die Einrede nicht[4]; die Anfechtung kann daher nur innerhalb bestimmter Fristen ausgeübt werden, die Einrede ist an Fristen nie gebunden.

Zwischen Anfechtung und Einrede besteht in mehreren Fällen eine Wechselwirkung. Die vorübergehenden Einreden der §§ 770 Abs. 1, 1137, 1211, HGB. § 129 Abs. 1 setzen eine Anfechtbarkeit voraus. Im § 2083 wird neben dem Anfechtungsrecht eine dauernde, nicht an die Frist gebundene Einrede gewährt, ebenso in der KO. § 41 neben dem paulianischen Anfechtungsrecht, das sich inhaltlich von den übrigen Anfechtungen wesentlich unterscheidet. Auch sonst wird häufig neben einer Anfechtung eine dauernde Einrede herlaufen, so die Einrede aus § 854 regelmäßig neben der Anfechtung wegen Drohung oder Täuschung.[5] Dagegen darf man nicht neben jeder Anfechtung eine dauernde Einrede gegen den aus dem anfechtbaren Rechtsgeschäft entspringenden Anspruch gewähren; andernfalls wäre die wohlbegründete Befristung der Anfechtung praktisch wesentlich beseitigt.

III. In zahlreichen Fällen bestimmt das BGB., daß ein Gläubiger sich auf seine Forderung bestimmte Beträge „anrechnen lassen" müsse. Aus der subjektiven Fassung ergibt sich, daß

---

[3] Die Anfechtbarkeit der Ehe, Ehelichkeit u. s. w. bleibt hier ausser Betracht; sie vollzieht sich auch in ganz anderen Formen.

[4] Wer als Wirkung der Geltendmachung einer Einrede Rechtsänderung annimmt, kann die Einrede als „Anfechtung von Ansprüchen" bezeichnen. So Hölder, Kommentar Bd. I S. 405 f.; Hellwig, Anspruch und Klagrecht, S. 8 f. Anfechtung und Einrede identifiziert auch Bucerius, Erörterung der Begriffe *exceptio*, Einrede, Einwendung, S. 114 ff.

[5] Vgl. Liszt, Deliktsobligationen, Berlin 1898, S. 19; Hellwig, Anspruch und Klagrecht S. 14 f. Unter Umständen kann auch neben einer Anfechtung wegen Irrtums die Einrede des § 854 gegeben sein, nämlich dann, wenn Schadenzufügung durch dolose Ausnutzung eines Irrtums vorliegt (§ 826). Dies trifft u. E. auf den Fall zu, den Eck, Vorträge zum allgemeinen Teil des Entwurfs (Sammlung von Vorträgen über den Entwurf eines BGB., Heft 1) Berlin 1896, S. 49 konstruiert, und aus der Eck (und nach ihm Hellmann Vorträge S. 203) ableitet, die *exceptio doli* müsse trotz Schweigens des BGB. auch heute „von Gottes Gnaden" gelten. U. E. reichen die Vorschriften des Gesetzes aus.

auch hier eine Geltendmachung erforderlich ist; es liegt also ein der dauernden Einrede sehr ähnliches Verhältnis vor; die Regeln über die dauernde Einrede sind darauf analog anwendbar. Die vielleicht näher liegende Konstruktion, diese Anrechnungsfälle als Aufrechnung mit einer *naturalis obligatio* aufzufassen, liefert praktisch viel weniger brauchbare Resultate. Es muß unseres Erachtens bei der Anrechnung dem Bürgen, Verpfänder u. s. w. gestattet sein, sich auf die Anrechnung zu berufen, ebenso muß Rückforderung wegen irrtümlicher Nichtanrechnung zulässig sein.

Die Auffassung der Anrechnungsmöglichkeit als dauernde Einrede ist nur dann nicht ausreichend, wenn der Gegenstand der Forderung und der Anrechnungsgegenstand nicht gleichartig sind; hier wird man dem Anrechnungsberechtigten einen Gegenanspruch geben müssen, der aber nur ausgeübt werden kann, wenn er den Hauptanspruch tilgt; wegen des Gegenanspruchs hat der Anrechnungsberechtigte ein Zurückbehaltungsrecht (ein ähnliches Verhältnis regelt § 1001.) In einem Falle wird dies ausdrücklich bestimmt (§§ 337, 338).

IV. Nach den §§ 343, 655 kann eine unverhältnismäßig hohe Forderung auf Vertragsstrafe oder Mäklerlohn „durch Urteil" herabgesetzt werden. Diese Vorschriften sind vom Reichstag in das Gesetz eingefügt, sie passen daher nicht ganz zu den juristischen Konstruktionen des Gesetzes. Das Urteil wirkt hier ausnahmsweise konstitutiv. Es kann fraglich erscheinen, ob dies Urteil nur möglich ist, wenn der Schuldner klagend Herabsetzung verlangt, oder auch dann, wenn er auf Zahlung verklagt wird und Höhe der Ansprüche angreift. Das letztere muß für zulässig erachtet werden. Hiermit nähert sich das Recht, Herabsetzung zu verlangen, der dauernden Einrede, und es führt zu durchaus brauchbaren Resultaten, deren Regelung analog anzuwenden: Die Herabsetzung kann danach insbesondere vom Bürgen, Verpfänder u. s. w. geltend gemacht werden und sie schließt die Aufrechnung aus.[6] Rückforderung des Geleisteten ist dagegen

---

[6] Siber, Compensation und Aufrechnung, S. 117, nimmt an, daß Aufrechnung an sich zulässig sei und nach der Herabsetzung rückgängig ge-

(wie bei der Verjährungseinrede) nach der positiven Vorschrift der §§ 343, 655 ausgeschlossen.[7]

V. Nach § 379 kann der Schuldner den Gläubiger auf die hinterlegte Sache „verweisen", wenn er rechtmäßig hinterlegt hat, ohne das Rücknahmerecht aufgegeben zu haben. Hier liegt eine Einrede[8] vor, und zwar eine unbestimmt vorübergehende, weil ja Möglichkeit der Rücknahme besteht. Praktische Konsequeuzen sind: Bürge und andere Mithaftende können von dem Verweisungsrechte Gebrauch machen; Aufrechnung von seiten des Gläubigers ist ausgeschlossen, ebenso Ausübung eines Zurückbehaltungsrechtes. Dagegen wird man die Vorschrift im § 202 Abs. 1 auch auf diese vorübergehende Einrede nicht anwenden können; vielmehr ist sie den Ausnahmen im § 202 Abs. 2 hinzuzufügen; dies ergibt sich aus folgender Erwägung: § 382 gestattet dem Schuldner sogar die Rücknahme des Hinterlegten selbst beim Verzicht auf das Recht der Rücknahme nach 30 Jahren, damit ihm die Vorteile nicht entzogen sind, die ohne die Hinterlegung durch die Verjährung eintreten würden.[9] Diese Vorteile müssen ihm darum auch bei Hinterlegung ohne Verzicht auf das Rücknahmerecht verbleiben; das wäre aber nicht der Fall, wenn hier während der Hinterlegung die Einrede aus § 379 verjährungshemmend wirkte.

## § 11.

## Die Einrede als Recht.

Die Einrede ist ein dem Anspruch gegenüberstehendes Recht. Selbständig ist dies Recht nur in sehr geringem Maße.

---

macht werden müsse. Dieser Umweg kann nach unserer Auffassung vermieden werden. Vgl. auch Zitelmann, Das Recht des BGB., Allgemeiner Teil, S. 36.

[7] Der Entrichtung werden (wie in § 222 Abs. 2) Sicherstellung und Schuldanerkenntnis gleichzustellen sein.

[8] Ebenso Planck, Kommentar, Bd. II, 1. u. 2. A. S. 161, Hölder-Schollmeyer, Kommentar, Bd. II, München 1900, S. 315; Beer, Die Hinterlegung zum Zwecke der Befreiung von Schuldverbindlichkeiten, Leipzig 1900, S. 123.

[9] Planck, Kommentar, Bd. II, 1. u. 2. A. S. 163.

Aus der Natur der Einrede als Recht ergibt sich die Möglichkeit eines Verzichts; hierüber ist oben S. 14 bezüglich der dauernden Einrede gehandelt worden; für die vorübergehende Einrede gilt nichts Besonderes.

Unselbständig ist die Einrede stets insofern, als sie unter allen Umständen nur in Verbindung mit einem Anspruch gedacht werden kann, unselbständig besonders darum, weil im konkreten Einzelfall die Einrede niemals von dem Anspruch, dem sie gegenübersteht, abgelöst (und etwa auf einen anderen Anspruch übertragen) werden kann.

Findet in der Person eines der bei einem Anspruch Beteiligten ein Wechsel durch Zession oder Schuldübernahme statt, so folgt die Einrede dem Anspruch und überträgt sich ebenfalls (aktiv oder passiv) auf den in den Anspruch neu Eingetretenen (Zessionar, Übernehmer). Dies wird ausdrücklich ausgesprochen in den §§ 404, 417[1], 1157 S. 1.

Endlich zeigt sich die Unselbständigkeit auch darin, daß der öffentliche Glaube des Grundbuchs, der die Hypothekenforderung ergreift, sich gleichzeitig auch darauf erstreckt, ob dieser eine Einrede entgegensteht oder nicht. § 1157 S. 2.

Es fragt sich schließlich noch, ob die Einrede als Recht einer Verjährung unterliegt. Für eine solche ist im BGB. in der Regel kein Raum; es gibt nur eine Anspruchsverjährung. Nun gründen sich aber einige Einreden auf Ansprüche, so einige Aufhebungseinreden auf Aufhebungsansprüche (§§ 478, 490, 821, 853) und das Zurückbehaltungsrecht auf den Gegenanspruch. Hier entsteht die Frage, ob die Einrede durch die Verjährung des Anspruchs berührt wird. Wir sahen bereits, daß die Verjährung des Aufhebungsanspruchs die auf ihm beruhende Aufhebungseinrede unberührt läßt (oben S. 23), und daß das Zurückbehaltungsrecht unter Umständen auch für verjährte Forderungen ausgeübt werden darf (oben S. 25 f.).

---

[1] §§ 404, 417 sprechen von „Einwendungen". Darüber, daß dieser Begriff weiter ist als „Einrede" und die Einreden mit umfaßt, vgl. unten § 12.

## § 12.

## Einrede und Einwendung.

Im vorigen Abschnitt erwähnten wir bereits die §§ 404, 417, in denen das Gesetz von „Einwendung" spricht; der Ausdruck findet sich öfter; es gilt hier, den Unterschied von Einwendung und Einrede hervorzuheben.

Der Begriff der Einwendung ist weiter als der der Einrede. Er umfaßt jede gegen einen Anspruch mögliche Verteidigung, nicht nur diejenige durch besonderes Gegenrecht.[1] Einwendung fällt also im wesentlichen zusammen mit dem Begriff der „Einrede im prozessualen Sinne" (vgl. oben S. 2).[2] Nach der Bestimmung des § 404 kann also beispielsweise der *debitor cessus* sich nicht nur auf die Verjährung berufen, sondern auch darauf, daß der Anspruch niemals bestanden habe, erloschen sei, betagt oder bedingt sei u. s. w. Daß er diese letzteren Befugnisse hat, ist übrigens selbstverständlich; sie folgen ohne weiteres aus der derivativen Natur des Rechtserwerbs. Der Zessionar erwirbt das Recht eines anderen, also nur unter der Voraussetzung, daß dieser ein Recht hat, und in dem Umfange als dieser ein Recht hat. Nur auf die Einreden (im Sinne des BGB.) hätte sich die Vorschrift des § 404 zu beziehen brauchen; für diese war es nötig, den Übergang

---

[1] Wenn der Schuldner die Forderung durch ein Rechtsgeschäft zu Fall bringen kann (z. B. durch Anfechtung, Aufrechnung), so ist nicht die Vornahme des Rechtsgeschäfts eine Einwendung, sondern erst die Geltendmachung des Umstandes, daß die Forderung durch Vornahme des Rechtsgeschäfts weggefallen ist.

[2] Nur ist daran festzuhalten, daß „Einrede im prozessualen Sinne" ein Begriff des Prozeßrechts ist, „Einwendung" ein allerdings nur für den Prozeßfall zugeschnittener Begriff des Privatrechts. Einrede im prozessualen Sinne ist die Behauptung gewisser rechtserheblicher Umstände (ohne Rücksicht auf die Richtigkeit der Behauptung); „Einwendung" ist dagegen der rechtserhebliche Umstand selbst. Vgl. Friedenthal, Einwendung und Einrede, S. 34 ff. Er rechnet auch Umstände, welche prozessual als Leugnung des Klaggrundes erscheinen, zu den Einwendungen. Das liegt nicht in diesem Wort. Für die §§ 404, 417 ist schon der Begriff Einwendungen in dem von uns gefassten Sinne, wie gleich nachzuweisen ist, weiter als sachlich erforderlich; aber auch sonst hat die Ansicht Friedenthal's keine abweichenden Ergebnisse.

positiv auszusprechen, da sie (wenigstens konstruktiv) besondere Rechte sind.

Gleich der Vorschrift des § 404 hätten sich auch diejenigen im § 417 und HGB. § 129, anstatt von „Einwendungen" zu handeln, auf die „Einreden" beschränken können. Diese drei Bestimmungen sind in gleiche Linie zu stellen mit den Vorschriften in den §§ 768, 1137, 1157, 1211. Hier spricht das Gesetz nur von Einreden, ist also präziser als in den anderen Fällen. Sachlich hat auch der Bürge nicht nur die Einreden, sondern alle Einwendungen des Hauptschuldners; das folgt schon aus § 765, aus der akzessorischen Natur der Bürgschaft; es brauchte ausdrücklich nur für die Einreden, die selbständigen Gegenrechte, ausgesprochen werden.

Der präzise Ausdruck „Einrede" in den genannten Bestimmungen wäre auch aus anderen Gründen vorzuziehen. Mit Recht hat man bereits dem ersten Entwurf zum Vorwurf gemacht, daß er materiellrechtliche Sätze in prozessuale Form bringe. In den §§ 404, 417 soll ausgesprochen werden, daß der Anspruch vor und nach der Zession bezw. Abtretung genau denselben Inhalt und Umfang hat; dies wird sich hauptsächlich darin zeigen, daß im Prozeß alle Verteidigungsmöglichkeiten dieselben bleiben. Von dieser sekundären Erscheinung aus wird nun der materiellrechtliche Satz ausgesprochen. Dies konnte sehr einfach vermieden werden, da die genannten Vorschriften in Bezug auf die „Einwendungen" überflüssig sind. Bei einer Beschränkung auf die „Einreden" hätten die Bestimmungen nur materielle subjektive Rechte, nicht aber Verteidigungsmöglichkeiten verschiedener Art im Prozeß getroffen.

Andere Vorschriften des Gesetzes betreffend „Einwendungen" sind allerdings nicht überflüssig, und hier wäre eine einfache Ersetzung von „Einwendungen" durch „Einreden" keineswegs angängig, In mehreren Fällen soll nämlich der Satz „*nemo plus juris in alterum transferre potest, quam ipse habet*" für den Forderungserwerb durchbrochen werden, insbesondere bei Forderungen, die sich auf Formalgeschäfte gründen. Hier schliesst das Gesetz gewisse Einwendungen, die gegen den bisherigen

Gläubiger zulässig waren, gegen den neuen Gläubiger aus. Es wäre auch hier wünschenswert gewesen, den Satz nicht in dieser prozessualen, sondern in materiellrechtlicher Weise auszusprechen. Die Formulierung war dann freilich viel schwerer.[3] Beispiele hierfür: §§ 784, 792 Abs. 3, 796, HGB. § 364 Abs. 2. Eine Vorschrift gleichen Inhalts enthält WO. Art. 82; hier wird in dem Sprachgebrauch des älteren Rechts noch von „Einreden“ (d. i. im prozessualen Sinne) gesprochen; dieser Ausdruck bezeichnet also hier einen ganz anderen Begriff als im BGB.

## § 13.

## Schluß.

Fragen wir uns schließlich kurz, welchen Zweck es hat, daß das Gesetz in zahlreichen Fällen eine dauernde Einrede konstruiert, statt den Anspruch einzuschließen, und eine vorübergehende, anstatt die Geltendmachung oder Entstehung der Ansprüche hinauszuschieben. Wir müssen die einzelnen Fälle trennen.

Die Verjährung soll im wesentlichen aus zwei Gründen nicht von Amtswegen berücksichtigt werden: Einmal wird das Erfordernis der Geltendmachung dazu führen, daß die Verjährung in manchen Fällen, wo sie wirklich ein gutes Recht vernichten würde, nicht zur Geltung kommt, sei es, daß der Schuldner sie übersieht oder daß er sich scheut, sie vorzuschützen. Ferner wird durch das Erfordernis der Geltendmachung das Verfahren wesentlich vereinfacht: die Verjährung scheint *prima facie* vielfach eingetreten zu sein, während sie in Wirklichkeit infolge von Hemmungen oder Unterbrechungen nicht vollendet ist; hier kann dem Gericht jede Erörterung über die Verjährung erspart bleiben, wenn der Beklagte in Kenntnis der Hemmungs- uud Unterbrechungsgründe die Berufung auf die Verjährung unterläßt.

[3] Nicht ganz zutreffend erscheint der von Fischer, Recht und Rechtsschutz S. 101 vorgeschlagene Ausdruck „Mangel“. Es widerspricht dem Sprachgefühl und führt irre, das auf bestimmten Umständen beruhende Nichtbestehen eines Anspruchs als „Mangel“ zu bezeichnen.

Diese Gründe sind u. E. durchschlagend. Auch die Regelung der Wirkungen eines verjährten Anspruchs außerhalb des Prozesses ist angemessen, nur müssen wir freilich die in den §§ 222 Abs. 2, 223 ausgesprochenen Prinzipien auf einige verwandte Fälle (über den Wortlaut des Gesetzes hinaus) ausdehnen (vergl. oben S. 18 ff., 25 ff.).

Auch bei den Haftungseinreden dürfte es angemessen sein, die beschränkte Haftung nicht aufzudrängen, also Geltendmachung zu erfordern. Praktisch wird der Richter allerdings sehr selten in der Lage sein, bereits aus dem Vorbringen des Klägers zu ersehen, daß eine Haftungseinrede begründet ist.

Bei den Aufhebungseinreden ist der Grund, aus dem eine Einrede gewährt, nicht aber der Anspruch ausgeschlossen wird, wohl in der juristischen Konstruktion zu suchen. Wird ohne rechtlichen Grund ein dingliches Recht bestellt, so entsteht es; es kann lediglich zurückgefordert werden. Entsprechend soll auch ein ohne rechtlichen Grund geschaffener Anspruch entstehen, aber der Aufhebung unterliegen. Daß das Gesetz so verfährt, ist u. E. vor allem da angebracht, wo gleichzeitig mit einem Anspruch ein dingliches Recht begründet wird, z. B. Forderung und Pfandrecht. Im übrigen hat es, wie wir sahen, kaum praktische Bedeutung, daß hier anstatt der Ausschließung des Anspruchs eine Einrede gewährt ist. Ein Fall, in dem der Richter in die Lage käme, schon aus dem Vorbringen des Klägers die Einrede zu ersehen, wird kaum vorkommen.

Das letztere gilt auch von den dauernden Einreden in den §§ 633 Abs. 2 S. 2, 986 (soweit darin dauernde Einreden enthalten), 1166, 1621. Hier ist auch kein Grund zu sehen, warum die rechtliche Konstruktion der Einrede einem Ausschluß vorzuziehen ist.

Unangemessen erscheint es uns dagegen, daß die verschiedenen Arten der dauernden Einreden, insbesondere die der Verjährung, die Haftungseinreden und die Aufhebungseinreden zu einem einheitlichen Gebilde, der dauernden Einrede, zusammengefaßt sind. Sie sind im einzelnen ganz verschiedenen Regeln unterworfen, so daß sich fast überall, wo ein gemeinsamer Satz aufgestellt wird, Ausnahmen nötig machen, die wir zum Teil noch über den positiven Wortlaut des Gesetzes hinaus zulassen müssen.

Unter den vorübergehenden Einreden befinden sich einige Fälle, in denen durch das Erfordernis der Geltendmachung die gleiche Vereinfachung des Verfahrens erzielt wird, wie bei der Verjährungseinrede. Das gilt vor allem von der Einrede des nicht erfüllten Vertrages. Wäre hier von Amtswegen auf die Gegenleistung Rücksicht zu nehmen, so müsste überall, wo aus einem regelmäßig Zug um Zug zu erfüllenden Geschäft geklagt wird, die Gegenleistung zur Sprache kommen. In allen Fällen, wo sie schon erfolgt ist oder der Beklagte zur Vorleistung verpflichtet ist, kann bei der Gestaltung als Einrede jede Erörterung über die Gegenleistung unterbleiben.

Ähnlich steht es bei der Einrede des Zurückbehaltungsrechtes, der mangelnden Sicherheitsleistung, der Einrede der Vorausklage. Bei der letzteren kommt hinzu, daß es für den Bürgen vorteilhaft sein kann, von ihr keinen Gebrauch zu machen (unter Umständen würde eine Vorausklage nur das Ergebnis haben, daß höhere Kosten auflaufen, für die der Bürge dann haftet, § 767 Abs. 1). Dieser Schutz soll also dem Bürgen nicht aufgedrängt werden. Dasselbe dürfte anzunehmen sein in den Fällen der §§ 379, 526, 660, 770, 2014, 2015, 2059, HGB. § 129, ohne daß jedoch viele praktische Fälle vorkommen werden, in denen der Richter die einredebegründenden Tatsachen schon aus dem Vorbringen des Klägers entnehmen kann.

Wenig angemessen ist es u. E., daß § 986, soweit vorübergehende Besitzrechte in Frage kommen, nur eine vorübergehende Einrede gewährt, nicht aber den Anspruch zur Zeit ausschließt, d. h. ihn zu einem gesetzlich befristeten macht.[1] Es wird allerdings selten vorkommen, daß hier aus dem klägerischen Vorbringen hervorgeht, daß ein Recht des Beklagten zum Besitze besteht, allein es ist nicht unmöglich. Man betrachte folgenden Fall: Der Eigentümer klagt auf Räumung seiner Wohnung; er gibt zu, sie dem Beklagten gegen monatliche Mietzinszahlung vermietet zu haben; er habe indessen am 16. des vergangenen

[1] Vgl. Kipp-Windscheid, Pandekten, 8. A. S. 177.

Monats gekündigt, und zwar erst am 16., weil am 15. Fronleichnam, ein Feiertag gewesen sei (§§ 565, 193). Ist nun Fronleichnam in dem betreffenden Staate kein allgemeiner Feiertag, so wäre der Mietvertrag mangels rechtzeitiger Kündigung noch in Kraft, der Beklagte also nach § 986 berechtigt, die Räumung zu verweigern. Es wäre u. E. in diesen und ähnlichen Fällen allein angemessen, wenn die Klage als unschlüssig behandelt und der Kläger auch bei Versäumnis des Beklagten abgewiesen werden müsste. Dabei ist noch zu berücksichtigen, daß die vorstehend erwähnte Klage zweifellos unschlüssig ist, wenn sie nur auf den Mietvertrag gestützt wird; denn der Rückgabeanspruch des Vermieters entsteht erst mit der Beendigung des Mietverhältnisses (§ 556 Abs. 1). Auch erscheint es befremdlich, daß das Recht zum Besitz im § 986 nur eine Einrede gewährt, das Recht zu anderer „Beeinträchtigung“ des Eigentums nach § 1004 Abs. 2 dagegen den Anspruch des Eigentümers ausschließt.

Es ist indessen bedenklich, sich aus diesen Gründen über den Wortlaut des § 986 hinwegzusetzen;[2] der Ausdruck „kann verweigern“ ist nicht zufällig gebraucht; der erste Entwurf schloss den Anspruch aus (§ 942); der Ausdruck ist nicht unbewußt geändert worden.

Unter einen gemeinsamen Gesichtspunkt lassen sich die sämtlichen Einreden danach kaum bringen; insbesondere läßt sich nicht sagen, daß überall eine „Rechtsverfolgung“ vorliegt;[3] häufig trifft dies ja zu (Aufhebungseinreden, nicht erfüllter Vertrag, Zurückbehaltungsrecht), allein nicht immer, z. B. nicht bei der Vorausklage, obwohl gerade hier die Einrede sehr am Platze ist. Ebensowenig ist die von Kohler[4] aufgestellte Kategorie „reaktionsunfähige Rechte“ angemessen; häufig sind die Einreden

[2] Friedenthal, Einwendung und Einrede S. 42 f. ist der Meinung, daß das Recht zum Besitz begrifflich den Anspruch ausschließe und sieht darum im § 986 nicht eine bloße Einrede. U. E. ist es durchaus denkbar, daß hier ein einredebehafteter Anspruch konstruiert wird, aber nicht zweckmässig.

[3] So Thon, Iherings Jahrbücher für Dogmatik, Bd. 28 S. 37 ff.

[4] Grünhuts Zeitschrift für das Privat- und öffentliche Recht, Bd. XIV S. 14. ff.

nur Ausfluß eines Anspruchs, also eines durchaus reaktionsfähigen Rechtes. Vielmehr ist es u. E. immer reine Zweckmäßigkeitsfrage, ob der Schutz gegen einen Anspruch in der juristischen Form der Einrede gegeben werden soll oder in anderer Form. Die Entscheidung ist vom BGB. nicht überall glücklich getroffen; insbesondere wäre es wünschenswert gewesen, wenn das BGB. in mehreren Fällen, wo es eine Einrede statuiert, den Anspruch für ausgeschlossen erklärt hätte.[5]

[5] Während des Druckes gelangt noch folgende Arbeit in meine Hände: GEIER, Der Begriff der Einrede nach dem BGB. (Jenaer Doktordissertation.) Altenburg 1901.

FSC
www.fsc.org
MIX
Papier | Fördert
gute Waldnutzung
FSC® C083411

Kolibri 360 GmbH
Ferdinand-Jühlke-Straße 7
99095 Erfurt, Deutschland
produktsicherheit@kolibri360.de